STREET FOOD

So schmeckt die Welt

compact via

ABKÜRZUNGEN

EL	Esslöffel	g	Gramm	geh.	gehäuft
TL	Teelöffel	l	Liter	Msp.	Messerspitze
Min.	Minute	ml	Milliliter	Bd.	Bund
Std.	Stunde	cm	Zentimeter	TK	Tiefkühl...
kg	Kilogramm	gestr.	gestrichen		

compact via ist ein Imprint der Compact Verlag GmbH

Baierbrunner Straße 27, 81379 München
Ausgabe 2015

Einleitungstext: Frank Müller
Chefredaktion: Dr. Matthias Feldbaum
Redaktion: Isabel Martins
Produktion: Ute Hausleiter
Abbildungen: siehe Bildnachweis S. 144
Titelabbildungen: Photocuisine (Falafel), shutterstock.de/Valentin Agapov (Hintergrund)
Gestaltung: PER Medien+Marketing GmbH, Braunschweig
Umschlaggestaltung: red.sign GbR, Stuttgart

ISBN 978-3-8174-9781-2
381749781/1

www.compactverlag.de

INHALT

STREET FOOD –
KREATIV, VIELFÄLTIG, INTERNATIONAL

In unserer schnelllebigen Zeit gehört Street Food zum Alltag; doch nur weil es schnell gehen muss, muss es nicht immer Einheitsbrei sein: Fritten „rot-weiß", Currywurst oder Döner Kebab haben auch hierzulande seit einigen Jahren Konkurrenz bekommen von Street Food, das fast die ganze kulinarische Bandbreite des Globus abdeckt.

Der Mensch ist, so heißt es, was er isst. Die kulinarischen Traditionen sind nicht weniger Bestandteil der verschiedenen Kulturen auf unserem Planeten wie Kunstformen oder die Geschichte eines Volkes. Wer also einer fremden Kultur näherkommen möchte, sollte nicht nur in Museen gehen, sondern auch in Kochtöpfe und Pfannen schauen. Und wo sollte dies unverfälschter möglich sein als bei den Köchen von kleinen Straßenständen, Buden und Handkarren? Vor den Augen ihrer Kunden bereiten sie mit den typischen Zutaten ihrer Region Speisen zu, die nicht frischer sein könnten. Rund um die Uhr gibt es bodenständige, saisonale Gerichte, die mancherorts nicht den Vergleich mit den Angeboten von Spitzenrestaurants scheuen müssen, preislich aber meist nur einen Bruchteil dessen kosten, was die Sterneköche kredenzen. Und ganz nebenbei macht es auch mehr Spaß, sich mit Papiertüten oder Papptellern bewaffnet unter die Einheimischen eines Landes zu mischen. Denn – und auch das ist nicht nur eine Floskel – Essen verbindet!

ASIEN – HEIMAT DES STREET FOOD

Ein wenig Pioniergeist und mitunter auch ein abgehärteter Magen gehören schon dazu, wenn man in Indien auf kulinarische Entdeckungstour geht. Kein Reiseführer, der nicht vor den indischen Garküchen warnen würde. Dabei lockt auf den Straßen des Subkontinents die ganze kulinarische Vielfalt und das vielleicht beste Essen Indiens. Exotische Gerüche von Kardamom, Kurkuma und Zimt wabern durch die Luft, und den Mutigen erwartet ein Potpourri der verschiedensten Aromen, die sich – so bunt wie der Vielvölkerstaat selbst – zu einem harmonischen Gesamtkunstwerk vereinen.

Da gibt es die mild-würzigen Samosas, Teigtaschen mit unterschiedlichsten Zutaten; Pakoras, in Kichererbsenmehl gewendete Gemüsestückchen; das in Mumbai so beliebte Bhel Puri, Puffreis mit Gemüse und einer geheimnisvollen Soße; kleine Dampfküchlein namens Idlis; brutzelnde Fleischstücke aus dem zischenden Tandur-Ofen; schlicht himmlisch-exotisches Gemüse in Kokosnusssoße; oder ein auf einem Bananenblatt serviertes Curry, dem das knusprige Naan-Fladenbrot die Schärfe nimmt. Mehr als nur Topping sind die Chutneys, Mixed

Safer Street Food

Wer besonders in tropischen und subtropischen Ländern einige einfache Tipps beherzigt, minimiert das Risiko, den Genuss von Street Food mit einem rebellierenden Magen zu bezahlen. Grundsätzlich gilt: Essen, das direkt vor Ihren Augen zubereitet wird, ist vertrauenswürdiger als bereits fertiges Essen. In Küstenregionen sollten Sie Fisch nach Möglichkeit selbst vom Fischer kaufen und in Garküchen zubereiten lassen. Skepsis ist bei Salat und Obst angeraten, das mit Wasser gewaschen wurde, erhöhte Vorsicht in Regionen, in denen in jüngerer Vergangenheit Epidemien grassierten.

Pickles und Soßen, sie setzen vielmehr Kontraste zwischen scharf und süß, sauer und salzig. Und zwischen all den Imbissständen verkaufen Chai-Wallahs ihren süßen milchigen Gewürztee und lösen so ganz nebenbei wenn nicht die Probleme der Welt, so doch die kleinen Problemchen ihrer Kundschaft.

Jenseits des Golfes von Bengalen setzen wir unsere kulinarische Weltreise in den Garküchen Asiens fort. Wie in keinem anderen Teil der Erde ist Street Food hier fester Bestandteil und Entschleuniger des Alltags. Wer sich in die vielen überbrodelnden Nachtmärkte stürzt und nach den süßesten Eierkuchen, variantenreichsten Reisnudeln und leckersten Bohnenbreien Ausschau hält, wird belohnt mit dem ganzen Spektrum fernöstlicher Aromen:

In Vietnam schlürfen Sie dampfende Nudelsuppen, auf den Philippinen tunken Sie die Lumpia genannten Frühlingsrollen in Sojasoße, in Indonesien vereinen sich Saté-Hähnchenspieße mit Erdnusssoße zu einer Geschmacksexplosion und in Thailand erleben Sie Frische, Schärfe und das unverwechselbare Aroma beim Genuss des Nationalgerichts Pad Thai. Gemeinsam ist den meisten Gerichten eine feurige Schärfe, die nicht jedem mitteleuropäischen Gaumen behagt, aber dazu beiträgt, die Speisen haltbar zu machen. Und eine Schärfe, die dank Limette, Zitronengras und Kokosnuss exotisch-frisch begleitet wird.

Was in Südostasien seinen berauschenden Anfang genommen hat, findet seine glorreiche Fortsetzung in China, wo es bereits seit dem 12. Jahrhundert gang und gäbe ist, auf der Straße Essen zu kaufen und zu verzehren. Street Food wird hier zelebriert, das Zuschauen steht am Beginn des Genusses. Es wird in atemberaubender Geschwindigkeit Gemüse gehackt, pfannengerührt und der Wok geschwenkt. Frische ist Trumpf, wenn gedämpfte Dim Sums und frittierte Köstlichen zubereitet werden.

Das kulinarische Spektrum ist grenzenlos, das Angebot mitunter gewöhnungsbedürftig: Schon von weitem vernimmt man den beißenden Geruch von fermentiertem „Stinketofu“, der aber frittiert oder gedämpft eine Delikatesse ist. Weniger Überwindung kosten wohl die chinesischen Maultaschen: die meistens mit Schweinefleisch gefüllten Wan Tans, die häufig als Suppeneinlage serviert werden, oder die ähnlichen Jiaozi, die in Essig getunkt werden.

Beliebt sind auch die Spieße, die es an Grillständen gibt – empfindliche Zeitgenossen sollten besser versuchen herauszufinden, was am Spieß landet: von Tofu bis Hühnerherzen ist alles im Sortiment. Ähnlich abwechslungsreich sind die scharfen und würzigen Suppen (mala tang) aus dem Feuertopf, verbreitete Snacks chinesische Pfannkuchen (cong you bing) mit Frühlingszwiebeln oder chinesische Dampfnudeln (baozi), die es als pikante Variante mit Tofu oder Schweinefleisch, aber auch als Süßspeise mit einer Mischung aus Zucker und schwarzem Sesam gibt.

Auch Japans Street-Food-Klassiker haben längst schon den Siegeszug rund um den Globus angetreten. Allgegenwärtig sind Nudeln: Soba (aus Buchweizen), Udon (Weizenmehl) oder Ramen (ebenfalls Weizenmehl) werden meist in würzigen Brühen serviert. Es gibt sie in nahezu jeder Straße für wenig Geld zu kaufen. Japans zweiter kulinarischer Stützpfeiler, der Reis, ist Grundlage für das feine Tempuramehl. Mit Ei und Eiswasser wird es zu Tempurateig verarbeitet, in dem kleine Häppchen in heißem Fett zu beliebten Snacks herausgebacken werden. Der Fanta-

sie sind dabei kaum Grenzen gesetzt; beliebte Häppchen sind Garnelen, Hummerkrabben und diverse Gemüsesorten wie Auberginen, Süßkartoffeln oder Spargelspitzen.

JUNGES STREET FOOD IN AUSTRALIEN & OZEANIEN

Während Street Food in Asien fester Bestandteil der Kultur ist, haben Australier und Neuseeländer Essen „to go" erst seit Kurzem für sich entdeckt. Immer häufiger sind mobile Gourmetstationen inzwischen aber auch in Sydney oder Melbourne, in Christchurch oder Wellington zu entdecken. Wichtigste Zutat ist in dieser Region frisches Seafood aus dem Pazifik. Schalentiere mit Namen die nach Südseeträumen klingen – z. B. Tuatua und Paua – werden mit Vorliebe in Teig ausgebacken oder zu Suppen verarbeitet. Simpel und lecker sind frisch abgekochte Garnelen, die einfach nur mit ein wenig Salz und Zitrone gewürzt in Papiertüten auf die Hand gegeben werden.

Es geht aber auch raffinierter. Typisch ozeanisch ist Reef meets Beef, die Kombination von Fisch und Fleisch, wobei auch Krokodil- oder Kängurufleisch in Topf und Pfanne landen. Bei alledem ist Fusionküche das Zauberwort. Esskulturen, mitgebracht aus aller Welt, werden zu neuen spannenden Kreationen vereint. Dabei ist die Nähe zu Asien genauso zu spüren wie die Einflüsse aus der westlichen Welt.

LATEINAMERIKA – MAIS & MEHR

Die berühmteste Straßenküche Lateinamerikas trifft man in Mexiko an. Wie die ganze Landesküche ist sie geprägt von weit zurückreichenden Traditionen und Zutaten, die erst mit der Entdeckung der Neuen Welt auch in der Alten Fuß fassten: Vieles basiert auf Mais. In seiner einfachsten, aber nicht minder schmackhaften Variante wird er gekocht oder gegrillt, mit etwas Mayonnaise und Käse belegt und mit Chili gewürzt.

Die bekanntesten Gerichte der mexikanischen Straßenküche sind zweifelsohne die in endloser Vielfalt dargebotenen Tacos, Quesadillas & Co., die in Mexiko normalerweise mit weichen Maistortillas zubereitet werden. Eingewickelt werden Hühnchen und Schweinefleisch, Bohnen oder anderes Gemüse, für Pep sorgen unzählige Soßen: feurig-scharfe oder auch süßliche Salsas aus grünen oder roten Chilis genauso wie die allgegenwärtige Guacamole aus Avocados und Zitronensaft.

Gewöhnungsbedürftiger für europäische Gaumen ist hingegen einer der beliebtesten Snacks Mexikos: Chicharrones,

knusprig gebratene und in Streifen geschnittene Schweineschwarte, die meist in einem See aus Chilisoße serviert wird. Und selbst Heuschrecken, zubereitet mit Chilisoße und Limettensaft, werden unerschrockene Mexiko-Reisende (vor allem im Bundesstaat Oaxaca) kosten können.

Noch stärker als in Mexiko machen sich in den südamerikanischen Straßenküchen die Einflüsse der verschiedenen Kolonialherren und afrikanischstämmigen Sklaven bemerkbar. Dies gilt besonders für Brasilien mit seinem besonders bunten Spektrum an Street Food. In Salvador wie im ganzen Bundesstaat Bahia verkaufen Straßenhändler, meist Frauen, eines der bekanntesten Straßengerichte: Acarajé. Ein Teig aus gemahlenen Augenbohnen wird zu Kugeln geformt und in Palmöl frittiert. Klassischerweise gibt es dazu die afro-brasilianische Würzpaste Vatapá, die aus Fisch, Nusskernen, getrockneten Krabben, eingeweichtem Brot, Dendê-Öl, Kokosmilch und Gewürzen besteht.

Bohnen sind auch die Hauptzutat des brasilianischen Nationalgerichts, der Feijoada. Der deftige mit Fleisch angereicherte Bohneneintopf wird mit geröstetem Maniokmehl, einer scharfen Pfeffersoße und Orangenscheiben serviert.

Exotischer ist die frittierte Banana da terra, die vielen Street-Food-Gerichten Brasiliens – selbst Fisch vom Grill – ein unverwechselbares Aroma verleiht. Ganz verrückt sind die Brasilianer nach „pipocas": Popcorn, das in den schrägsten Variationen von Pipoqueiros verkauft wird. Wo sonst außer in Brasilien kann man Popcorn mit Kondensmilch, Ketchup, Würstchen oder Käse essen? Die zweite große Leidenschaft der Brasilianer gilt Grillfleisch (diese teilen sie übrigens mit den Argentiniern). Zwar ist dieses vor allem in speziellen Restaurants, Churrasqueiras, zu Hause, aber natürlich darf des Brasilianers liebstes kulinarisches Kind auch an den Strandbuden nicht zu kurz kommen.

AUS TAUSENDUNDEINER NACHT

Kreuzkümmel und Koriander, Sternanis, Sumach und das „gelbe Gold" Safran – die Küche des Nahen Ostens und Nordafrikas lebt von der aromatischen Vielfalt ihrer Gewürze. Diese erleben Reisende nicht zuletzt bei Streifzügen durch die lebensfrohen Suks, jenen Frontalangriffen auf alle Sinne. Street Food besticht hier oft durch Einfachheit: Weit mehr als „nur" eine Mahlzeit ist Brot, es zu teilen, gilt als Symbol der Gastfreundschaft. An jeder Ecke gibt es das viele Namen tragende Fladenbrot sowie gesäuerte und ungesäuerte Brote, deren Reste zu Suppen und Salaten weiterverarbeitet werden. Bagels

werden mit Pastrami, frischen Gurken und Joghurt belegt.

Mindestens genauso beliebt sind Hülsenfrüchte, allen voran Hummus aus pürierten Kichererbsen und Tahin, der zu den klassischen Mezze gehört. Und von diesen gibt es unzählige: Die kleinen Gerichte sind nicht nur Vorspeisen, sondern regelrechte Stützpfeiler der orientalischen Küche. Pürierte Auberginen (Baba Ganoush) und gefüllte Weinblätter, Taboulé mit viel frischer Minze und scharfer Bulgur, Ziegenkäse in Böreks oder gebacken, süßsaure Okras, in Olivenöl eingelegte Artischockenherzen und unzählige Pasten und Soßen, die zum Brot gereicht werden – der Fantasie sind kaum Grenzen gesetzt. Vieles ist vegetarisch. Und kommt einmal Fleisch zum Einsatz, ist es mit Vorliebe Lamm, ob als Spieß vom Grill oder als klassischer Kebab. Bei alledem darf aber eines nie fehlen: die Zeit für ein Glas Tee!

MADE IN USA

Yeeha! Street-Food-Fans finden in den USA ihr ganz persönliches Schlaraffenland vor. War der schnelle Imbiss einst einfach nur zweckmäßig, um die Arbeiter in den Städten satt zu machen, hat sich Street Food längst zu einem festen Bestandteil des amerikanischen Way of Life gemausert. Hamburger, Hotdogs & Co., die Dauerbrenner des US-amerikanischen Fast Foods, präsentieren sich in neuem Slow-Food-Gewand: Burger bekommen Balsamico-Creme, Rucola und Parmesan-Splitter verpasst, Hotdogs werden mit Pickles und raffinierten Soßen verfeinert.

Überhaupt hat Street Food in den USA sein ungesundes und fetttriefendes Image abgelegt. Stattdessen liegen „green“ und „organic“ voll im Trend: Essen aus regionaler und nachhaltiger Produktion, gesundheitsbewusst und kreativ zusammengestellt. Da gibt es für eine Handvoll Dollar raffinierte Panini mit sautiertem Rindfleisch, karamellisierten Zwiebeln und Blauschimmelkäse, leichte Wraps mit Spinat und Lachs, hausgemachte Pasta mit Kürbis an Tomaten-Basilikum-Soße, butterzartes, bis zu 20 Stunden lang gegartes Pulled Pork im Brötchen, geschmackvolle Veggie-Burger mit Hummus und Tofu, edle Hummer-Sandwiches im New-York-Style oder einen Bagel mit Räucherlachs.

Wollte man jedoch das typische Street Food der USA benennen, würde man zwangsläufig scheitern. Zu sehr unterscheidet sich die Tex-Mex-Küche der Südweststaaten von der Cajun-Küche in Louisiana, den kubanischen Spezialitäten in Miami, den Pastagerichten in New Yorks Little Italy oder dem in New England so beliebten Chowder (ein Seafood-Eintopf).

SO VIELFÄLTIG WIE DER KONTINENT

Auch der Versuch, die Länder Europas kulinarisch unter einen Hut zu bringen, ist zum Scheitern verurteilt. Zu unterschiedlich sind kulturelle Wurzeln und Zutaten der diversen Länderküchen. Dies macht sich nicht zuletzt bei einem Ausflug über die wie Pilze aus dem Boden schießenden Street-Food-Märkte des „Alten Kontinents“ bemerkbar (und das, obwohl Street Food in Europa eine vergleichsweise junge Mode ist). Eine Auswahl gefällig? In Schweden warten Tunnbrödsrulle,

ein aufgerolltes Fladenbrot mit Kartoffelbrei, Würstchen, Senf, Ketchup und mehr; in den Niederlanden Oliebollen („Ölkugeln“), ein süßes Siedegebäck aus Hefeteig und Rosinen; in Russland Piroggen, mit Hackfleisch, Käse, Kartoffeln oder Gemüse gefüllte Teigtaschen; in Spanien Churros, längliches Schmalzgebäck, das zu jeder Tages- und Nachtzeit gegessen wird; in England das klassische Fish 'n' Chips, das mit Vorliebe in einer fettdurchtränkten Papiertüte „serviert“ wird; in Deutschland die Currywurst; in Italien Arancini, mit Fleisch, Pancetta und Erbsen gefüllte und frittierte Reisbällchen; in Griechenland Spießbraten vom Lamm; oder in Portugal die kleinen Cremetörtchen, die Pastéis de nata.

East meets West – die Currywurst

Von den einen verpönt, von den anderen gefeiert. Viele Fast-Food-Klassiker werden vor allem von ausländischen Besuchern als exotische und typische Gerichte geschätzt und geliebt. Das wohl bekannteste Beispiel aus Deutschland ist die Currywurst. Wenngleich eine ursprünglich aus Südostasien stammende Gewürzsoße, das Ketchup, sowie indische Gewürzmischungen ihren Geschmack prägen, gilt die Currywurst besonders in den USA als deutsche Spezialität. Aber auch in ihrer Heimat genießt sie schon fast Kultcharakter. Hamburg und Berlin streiten darum, wo sie zum ersten Mal über den Tresen ging. Derweil versuchen Gourmetköche sich immer wieder mit neuen Varianten, bei denen die klassischen Brat- oder Brühwürste durch Würste aus Straußenfleisch oder Zander ersetzt und die Soßen mit Honig und Rohrzucker, mit Mangofleisch, Currypasten, Ingwer oder den unterschiedlichsten Chilisorten verfeinert wurden.

Dabei haben die Europäer offensichtlich Nachholbedarf in Sachen Street Food. Denn immer mehr drängen Gerichte aus aller Welt auf die Straßenmärkte der großen Metropolen, wobei die Fusionküche immer wieder neue Kreationen hervorbringt, die an experimentierfreudigen Kunden getestet werden. Das geht so weit, dass traditionelles Straßenessen wie eben Fish 'n' Chips oder die Currywurst ebenfalls neu erfunden werden muss, um nicht von der Bildfläche zu verschwinden.

TRENDY STREET FOOD

Street Food ist hip! Ob in Boston oder Berlin, in London oder Los Angeles, Sydney oder Stockholm – rollende Restaurants erobern die Straßen vieler Metropolen rund um den Globus. Während einst Imbissbuden meist einen festen Standpunkt hatten, haben sich findige Jungunternehmer heute dem Trend des Essens auf Rädern verschrieben. Mit umgebauten Kleinlastern, Vans und Wohnwagen, sogenannten Food Trucks, ziehen sie von Stadtviertel zu Stadtviertel. Bunt lackiert sind die Vehikel und mit lässigen Aufschriften versehen. Das einfache, aber so erfolgreiche Prinzip: Nicht die Kundschaft kommt zu den Köchen, sondern die Köche zur Kundschaft. Unterstützung bekommen sie dabei von sozialen Netzwerken wie Facebook, Twitter und Instagram. In Windeseile verbreiten sich Geheimtipps der Szene, natürlich inklusive Bildern der kulinarischen Straßenfinessen. Und selbst Websites und spezielle Apps mit GPS-Funktion informieren die hungrige Meute, wann und wo die gastronomischen Lieblinge ihre neuesten Kreationen an den Mann bringen und welche Speisen auf der Tageskarte stehen.

Aber auch feste Orte kennt der neue Trend: Auf sogenannten Street-Food-Märkten trifft sich die Szene der rollenden Restaurants auf Plätzen, die mitunter mehr an eine

Industriebrache als an einen Platz erinnern, an dem man Nouvelle Cuisine vermuten könnte. Und doch werden hier jede Woche tausende hungrige Fans bewirtet.

Den Anfang könnte asiatischer Gemüsereis machen, weiter geht es mit einem Fusion-Thunfischwrap mit Guacamole, bevor belgische Waffeln den süßen Abschluss bilden.

Oder wie wäre es mit knusprigen Gemüsechips, einer magisch-würzigen Bollywood-Suppe und Bolinhos de chuva, süßen frittierten Teigbällchen aus den Straßen Brasiliens?

Neugierig geworden? Dann entdecken Sie mit uns die schier grenzenlose Vielfalt des globalen Phänomens Street Food. Ob als Picknick-Proviant, internationales Menü oder als Fingerfood für die Party – die hier vorgestellten Spezialitäten begleiten Sie kulinarisch einmal um die ganze Welt!

BURGER, WRAPS & MEHR

CHEESEBURGER

Für 4 Stück:

100 g Chinakohl
2 EL Salatmayonnaise
1 EL Tomatenketchup
2 TL Meerrettich (Glas)
Salz
Pfeffer aus der Mühle
2 rote Zwiebeln
4 Burgerbrötchen mit Mohn
500 g Rinderhackfleisch
8 Scheiben Cheddar oder Emmentaler

Zubereitungszeit:
30 Min.

1. Den Chinakohl putzen und in feine Streifen schneiden. In ein Sieb geben, unter fließendem kaltem Wasser waschen und abtropfen lassen. Salatmayonnaise, Ketchup und Meerrettich glatt verrühren. Dann mit dem Chinakohl vermischen und das Ganze mit Salz und frisch gemahlenem Pfeffer würzen.

2. Zwiebeln abziehen und in dünne Ringe schneiden. Die Burgerbrötchen halbieren und erwärmen.

3. Das Rinderhackfleisch mit etwas Salz und frisch gemahlenem Pfeffer würzen und verkneten. Dann aus der Masse 4 flache Patties in der Größe der Brötchen formen. Eine Grillpfanne erhitzen und das Fleisch darin von beiden Seiten jeweils ca. 4 Minuten braten. Kurz vor Ende der Garzeit mit je 1 Scheibe Käse belegen.

4. Die unteren Brötchenhälften mit den restlichen Käsescheiben und etwas Chinakohlsalat belegen. Die gebratenen Patties daraufsetzen und den restlichen Kohl daraufgeben. Mit Zwiebelringen belegen und die oberen Brötchenhälften aufsetzen.

Tipp

Einen Extra-Kick bekommen die Cheeseburger, wenn man sie zusätzlich mit kross gebratenem Bacon belegt. Anstelle des Chinakohls können auch grüne Salatblätter verwendet werden. Diese dann aber nicht mit der Soße vermengen, sondern beides separat auf die Burger geben.

CHICKEN-TACO
MEXICAN STYLE

Für 4 Stück:

500 g Hähnchenbrustfilet
5 EL Zitronensaft, frisch gepresst
30 ml Sonnenblumenöl
3 EL Sojasoße
400 g Tomaten
2 Schalotten
6 Stängel Koriander
1/4 Kopf Eisbergsalat
2 reife Avocados
Salz
Pfeffer aus der Mühle
Worcestersoße
4 Weizentortillas

Zubereitungszeit:
30 Min.

Marinierzeit:
1 Std.

1. Das Hähnchenbrustfilet kalt abbrausen und mit Küchenpapier trocken tupfen, dann in Scheiben schneiden. Mit 4 EL Zitronensaft, Sonnenblumenöl und Sojasoße vermengen und abgedeckt 1 Stunde marinieren lassen.

2. In der Zwischenzeit die Tomaten kalt waschen, die Stielansätze entfernen und das Fruchtfleisch in kleine Würfel schneiden. Die Schalotten abziehen und hacken. Den Koriander kalt abbrausen, trocken schütteln und die Blättchen hacken. Koriander, Schalotten und Tomaten mischen.

3. Den Eisbergsalat putzen, in feine Streifen schneiden und in ein Sieb geben. Den Salat kalt abbrausen und gründlich abtropfen lassen. Avocados halbieren, entkernen und das Fruchtfleisch aus den Schalen lösen. Dann mit einer Gabel zu Püree zerdrücken. Den restlichen Zitronensaft einrühren und das Ganze mit Salz, frisch gemahlenem Pfeffer und etwas Worcestersoße abschmecken.

4. Die Tortillas im Backofen erwärmen. Eine Grillpfanne erhitzen und Hähnchenbrustscheiben darin von allen Seiten ca. 5 Minuten braten. Nach dem Wenden mit Salz und frisch gemahlenem Pfeffer würzen. Aus der Pfanne nehmen und in dünne Streifen schneiden.

5. Die warmen Tortillas mit der Avocadocreme bestreichen und mit dem Fleisch belegen. Eisberg- und Tomatensalat darauf verteilen. Einklappen und dann sofort servieren.

Tipp

Wer es besonders knusprig mag, verwendet kross frittierte Maistortillas, die man als Taco Shells kaufen kann.

PANINI
MIT PESTO, TOMATE UND MOZZARELLA

Für 4 Stück:

1 EL Pinienkerne
5 Stängel Basilikum
1 Knoblauchzehe
Salz
4 EL Olivenöl
2 EL Parmesan, frisch gerieben
2 Tomaten
250 g Mozzarella
4 Paninibrote
Pfeffer aus der Mühle

Zubereitungszeit:
30 Min.

1. Für das Pesto Pinienkerne in einer Pfanne ohne die Zugabe von Fett rösten, bis sie duften, danach herausnehmen. Basilikum abbrausen, trocken tupfen und die Blättchen abzupfen. Knoblauch abziehen und grob hacken.

2. Pinienkerne, Basilikum, Knoblauch, etwas Salz, Olivenöl und frisch geriebenen Parmesan in den Mixer geben. Das Ganze fein pürieren.

3. Die Tomaten waschen, von den Stielansätzen befreien und das Fruchtfleisch in dünne Scheiben schneiden. Mozzarella in feine Scheiben schneiden. Die Paninibrote waagerecht tief einschneiden, dabei aber nicht ganz durchschneiden.

4. Die Schnittflächen der Brote mit dem Pesto bestreichen. Mit Tomaten und Mozzarella belegen und dann mit frisch gemahlenem Pfeffer übermahlen.

5. Brote im heißen Kontaktgrill oder in einem Sandwichmaker 4–5 Minuten backen. Anschließend Panini sofort noch warm servieren.

Tipp

Panini sind echte Klassiker des Street Food, und sie lassen sich nach Belieben füllen! Wie wäre es mal mit einer Mischung aus gegrillter Zucchini, fein gehackten getrockneten Tomaten und gehobeltem Parmesan? Oder gebratene Aubergine mit Rucola und Mozzarella? Super schmeckt auch eine Mischung aus gegrillter Paprika und gebratenen Pilzen, die dann mit gehobeltem Pecorino abgerundet wird.

TOFUBURGER
MIT GUACAMOLE

Für 4 Stück:

1 relfe Avocado
1 TL Zitronensaft, frisch gepresst
1 Knoblauchzehe
Salz
Tabasco
2 Tomaten
250 g Tofu
3 EL Sojaöl
3 EL Sojasoße
4 Burgerbrötchen
etwas Blattmangold

Zubereitungszeit:
25 Min.

1. Die Avocado halbieren und den Kern entfernen. Dann das Fruchtfleisch mit einem Löffel aus der Schale auslösen und mit einer Gabel cremig zerdrücken. Den Zitronensaft untermengen. Knoblauch schälen und fein hacken. Mit der Avocadocreme verrühren und alles mit Salz und etwas Tabasco abschmecken.

2. Die Tomaten waschen, die Stielansätze entfernen und das Fruchtfleisch in dünne Scheiben schneiden. Den Tofu in 4 Scheiben schneiden. Sojaöl in einer beschichteten Pfanne heiß werden lassen und den Tofu darin bei mittlerer Temperatur von beiden Seiten jeweils 3–4 Minuten braten. Zum Schluss den Tofu dann mit Sojasoße ablöschen.

3. Die Burgerbrötchen quer halbieren und erwärmen. Die Unterhälften mit der Guacamole bestreichen. Den Tofu und die Tomatenscheiben darauf verteilen und mit Mangoldsalat garnieren. Dann die oberen Brötchenhälften aufsetzen und Burger servieren.

Tipp

Für dieses Rezept sollte schnittfester Tofu verwendet werden. Wer mag, nimmt Räuchertofu, der hat ein kräftigeres Aroma als Tofu natur. Und natürlich kann die Guacamole nach Belieben abgeschmeckt werden. Es eignen sich auch gemahlene Chilischoten oder Cayennepfeffer; und etwas fein gehackter Ingwer gibt noch eine besonders frische Note.

FRUITY MATJES-BAGELS

Für 4 Stück:

200 g norwegische Matjesfilets

1 Bd. Rucola

1 Apfel

1 EL Zitronensaft, frisch gepresst

80 g Mangofruchtfleisch

120 g Frischkäse natur

4 Bagels

Zubereitungszeit:

15 Min.

1. Die Matjesfilets abtropfen lassen und mit Küchenpapier trocken tupfen. Dann quer in dünne Scheiben schneiden. Rucola verlesen, putzen, kalt abbrausen und gut abtropfen lassen. Nach Belieben ein wenig kleiner zupfen.

2. Apfel schälen, vierteln und vom Kerngehäuse befreien. Das Fruchtfleisch auf der Küchenreibe grob raspeln und sofort mit Zitronensaft vermischen. Mangofruchtfleisch in kleine Würfelchen schneiden. Den Frischkäse in eine Schüssel geben und cremig rühren. Dann mit Apfel- und Mangowürfeln vermengen.

3. Bagels aufschneiden und die Schnittflächen mit dem fruchtigen Frischkäse bestreichen. Die unteren Bagelhälften mit Matjes und Rucola belegen. Die oberen Bagelhälften aufsetzen, leicht andrücken und Fruity Matjes-Bagels servieren.

Tipp

Diese fruchtigen Bagels sind eine ideale Mahlzeit für warme Sommertage.

PULLED-PORK-BURGER

Für 4 Stück:

1 kg Schweinefleisch aus der Schulter

1 EL brauner Zucker

1 EL Paprikapulver edelsüß

1 TL Cayennepfeffer

2 TL grobes Salz

Pfeffer aus der Mühle

2 große Zwiebeln

100 ml Gemüsebrühe

250 ml Ginger Ale oder Root Beer

150 g Barbecuesoße (z. B. Sweet Baby Ray's)

1 Handvoll Rucola

2 rote Chilischoten

4 Essiggurken

4 Ciabattabrötchen

Zubereitungszeit:
40 Min.

Marinierzeit:
1 Tag

Garzeit:
7 Std.

1. Das Schweinefleisch abbrausen und mit Küchenpapier trocken tupfen. Braunen Zucker mit Paprikapulver, Cayennepfeffer, Salz und reichlich frisch gemahlenem Pfeffer in einem kleinen Schälchen vermengen. Das Fleisch rundum gründlich mit der Gewürzmischung einreiben. Abgedeckt im Kühlschrank 1 Tag durchziehen lassen.

2. Das Fleisch mindestens 30 Minuten vor der Weiterverarbeitung aus dem Kühlschrank nehmen, damit es dann Raumtemperatur hat. Den Backofen auf 130 Grad Ober- und Unterhitze vorheizen.

3. Die Zwiebeln schälen und in Ringe schneiden. Mit der Gemüsebrühe und Ginger Ale oder Root Beer in ein tiefes Blech geben. Das Fleisch mit der Brühe-Ginger-Ale-Mischung einstreichen und auf einen Rost setzen. Dann das Blech in die Mitte des Ofens schieben und den Rost darübersetzen.

4. Das Fleisch im heißen Backofen ca. 6 Stunden garen lassen. Dabei ab und zu mit dem Brühensud einstreichen. Anschließend das Fleisch herausnehmen und bei Bedarf überschüssiges Fett entfernen. Dann das Fleisch mit zwei Gabeln fein zerpflücken.

5. Den Sud im Blech mit der Barbecuesoße glatt verrühren. Das fein zerkleinerte Schweinefleisch damit im Blech vermengen, mit Folie abdecken und nochmals ca. 1 Stunde im Ofen bei 110 Grad Ober- und Unterhitze garen.

6. Rucola abbrausen und trocknen. Die Chilis waschen, nach Belieben entkernen und in Ringe schneiden. Die Essiggurken hacken. Brötchen halbieren.

7. Nach Ende der Garzeit das Fleisch nochmals abschmecken. Mit Chiliringen und Gurken vermengen und auf etwas Rucola in den Brötchen anrichten. Sofort servieren.

AUBERGINEN-ZIEGENKÄSE-SANDWICH

Für 4 Stück:

1 Aubergine

Salz

5 EL Olivenöl

Pfeffer aus der Mühle

8 Scheiben Ziegen-schnittkäse

8 Scheiben Sandwich-toast

Zubereitungszeit:

20 Min.

Ziehzeit:

15 Min.

1. Die Aubergine waschen und putzen. Der Länge nach in dünne Scheiben schneiden. Aubergine salzen und ca. 15 Minuten Wasser ziehen lassen. Danach gründlich mit Küchenpapier abtupfen.

2. In einer Pfanne das Olivenöl erhitzen und die Auberginenscheiben darin von beiden Seiten gut gebräunt braten. Mit etwas Salz und frisch gemahlenem Pfeffer würzen.

3. Den Backofengrill vorheizen. 2 Auberginenscheiben der Länge nach halbieren und beiseitelegen, den Rest würfeln. Ziegenkäse bei Bedarf halbieren.

4. 4 Toastscheiben schichtweise mit Ziegenkäse und Auberginenwürfeln belegen, dann die übrigen Toastscheiben darauflegen und leicht andrücken. Auf ein mit Backpapier belegtes Backblech setzen und die Sandwiches auf der mittleren Schiene im Ofen grillen, bis der Käse zerläuft.

5. Die beiseitegelegten Auberginenscheiben locker aufrollen. Auf jedem Sandwich nach Ende der Grillzeit mithilfe von Zahnstochern je 1 Auberginenrolle befestigen und dann die Sandwiches servieren.

Tipp

Und wer es noch aromatischer mag, verwendet anstelle des Schnittkäses 2 kleine Ziegenkäserollen. Die Rinde entfernen und die Rollen dann in dünne Scheiben schneiden.

HUMMERSANDWICH

NEW-YORK-STYLE

Für 4 Stück:

8 Scheiben Bacon
2 Tomaten
200 g gegartes Hummerfleisch
3 EL Mayonnaise
1/4 TL feiner Dijonsenf
Salz
Pfeffer aus der Mühle
4 Baguettebrötchen

Zubereitungszeit:
20 Min.

1. Den Bacon in einer Pfanne ohne die Zugabe von Fett auf beiden Seiten kross braten. Dann auf Küchenpapier entfetten lassen.

2. Tomaten waschen, trocken reiben und von den Stielansätzen befreien. Die Tomaten zuerst in Scheiben schneiden und diese anschließend halbieren.

3. Das Hummerfleisch klein zerrupfen. Die Mayonnaise mit Senf glatt verrühren. Mit dem Hummer vermengen und das Ganze mit Salz und frisch gemahlenem Pfeffer abschmecken.

4. Baguettebrötchen an einer Längsseite aufschneiden; die andere Längsseite nicht durchschneiden. Die Brötchen mit Tomaten, Hummer und je 2 Scheiben Bacon füllen und die Sandwiches anschließend sofort servieren.

Tipp

Dieses leckere Rezept lässt sich nach Belieben erweitern. So sorgt beispielsweise 1 in dünne Ringe geschnittene Frühlingszwiebel für eine zusätzliche leicht scharfe Würze, 1 gewürfelte Paprikaschote kann auch mal 1 Tomate ersetzen, 1 kleine Gewürzgurke, fein gehackt, liefert etwas mehr Säure, und 1 gehackte Knoblauchzehe verleiht dem Sandwich zusätzliches Aroma.

WRAPS
MIT THUNFISCH UND AVOCADOCREME

Für 4 Stück:

1 Knoblauchzehe

1 kleine Zwiebel

2 reife Avocados

1 EL Zitronensaft, frisch gepresst

3 Spritzer Worcestersoße

2 Spritzer Tabasco

Salz

350 g frisches Thunfischfilet

1 TL Sesamsamen

Pfeffer aus der Mühle

4 Weizentortillas

Zubereitungszeit:
25 Min.

1. Knoblauch und Zwiebel schälen und sehr fein würfeln. Die Avocados halbieren, entkernen und das Fruchtfleisch mit einem Löffel aus den Schalen lösen. Das Fruchtfleisch mit einer Gabel zu Püree zerdrücken. Mit Zitronensaft, Worcestersoße und Tabasco glatt verrühren und mit Salz abschmecken.

2. Das Thunfischfilet kalt waschen, mit Küchenpapier trocken tupfen und in dicke Streifen schneiden. Eine Pfanne ohne Fett erhitzen und den Thunfisch darin rundum insgesamt ca. 2 Minuten anbraten.

3. Den Thunfisch aus der Pfanne nehmen und mit dem Sesam bestreuen. Dann den Fisch mit Salz und frisch gemahlenem Pfeffer würzen.

4. Die Weizentortillas in der noch heißen Pfanne auf beiden Seiten erwärmen. Mit Avocadocreme und Thunfisch belegen. Zusammenklappen und die Wraps sofort servieren.

Tipp

Natürlich können diese Wraps auch perfekt variiert werden. Wer mag, schneidet z. B. noch 200 g Tomaten klein und verteilt sie auf der Guacamole. Und eine extra aromatische Note erhält die Avocadocreme, wenn man sie noch mit 1 EL frisch gehacktem Koriander aromatisiert.

LACHS-SPINAT-WRAPS

MIT ROTER BETE

Für 4 Stück:

150 g Rote Bete
Salz
Pfeffer aus der Mühle
Zucker
Olivenöl
Weißweinessig
1 kleines Bd. Dill
100 g Joghurtalternative natur
1 TL grobkörniger Senf
1 EL Honig
2 Mini-Romanasalatköpfe
2 große Weizentortillas
300 g Graved Lachs in dünnen Scheiben

Zubereitungszeit:
30 Min.

1. Rote Bete mit Küchenhandschuhen schälen und auf einer Vierkantreibe grob reiben. Mit Salz, frisch gemahlenem Pfeffer, Zucker sowie etwas Olivenöl und Weißweinessig abschmecken. Alles einmal leicht durchkneten.

2. Dill kalt abbrausen und trocken schütteln. Die Fähnchen abzupfen und fein hacken. Joghurtalternative mit Senf, Honig und Dill verrühren, dann das Ganze mit Salz, frisch gemahlenem Pfeffer und nach Geschmack mit etwas Zucker abschmecken.

3. Die Salatblätter vom Strunk trennen und mit kaltem Wasser abbrausen. Gründlich trocken tupfen und dann in feine Streifen schneiden.

4. Die Weizentortillas im Ofen erwärmen und dann mit der Honig-Senf-Dill-Soße bestreichen; dabei den Rand etwas freilassen. Tortillas mit dem Lachs belegen. Geriebene Rote Bete und Salatstreifen darauf verteilen.

5. Die Seitenränder der Fladen einklappen und dann fest einrollen. Die Wraps in Backpapier einrollen und die überstehenden Seitenränder wie ein Bonbon verschließen. Zum Anrichten diese Rollen schräg mit einem Sägemesser halbieren und in eine Serviette gewickelt anrichten.

Tipp

Beim Verarbeiten der Roten Bete sollten unbedingt Küchenhandschuhe getragen werden; das Fruchtfleisch färbt sehr stark!

BUNNY CHOW

Für 4 Stück:

400 g vorwiegend festkochende Kartoffeln
Salz
2 Zwiebeln
4 Knoblauchzehen
6 Stängel Koriander
2 EL Butterschmalz
400 g Rinderhackfleisch
2 Anissterne
1 TL Fenchelsamen
1 TL Kreuzkümmelsamen
2 Stangen Zimt
2 TL Kurkumapulver
2 TL Korinderpulver
2 Msp. Cayennepfeffer
2 Msp. Garam Masala
2 EL Tomatenmark
300 ml Rinderbrühe
2 kleine Weißbrote

Zubereitungszeit:
40 Min.

Garzeit:
40 Min.

1. Die Kartoffeln waschen und ungeschält in einen Topf mit Wasser geben. Salzen, aufkochen und ca. 25 Minuten garen. Anschließend abgießen und etwas abkühlen lassen.

2. In der Zwischenzeit Zwiebeln und Knoblauch abziehen und in feine Streifen schneiden. Koriander kalt abbrausen, trocken schütteln und die Blätter hacken.

3. Butterschmalz in einem Topf erhitzen. Das Hackfleisch dazugeben und unter Rühren krümelig und leicht gebräunt anbraten. Zwiebeln und Knoblauch unterrühren. Anschließend Anis, Fenchelsamen, Kreuzkümmel, Zimtstangen, Kurkuma- und Korianderpulver, Cayennepfeffer und Garam Masala zugeben.

4. Das Tomatenmark unter das Fleisch rühren und mit der Rinderbrühe ablöschen. Das Ganze mit Deckel bei mittlerer Temperatur ca. 15 Minuten zu einem sämigen Curry einköcheln lassen. Dabei ab und zu umrühren.

5. Die Kartoffeln schälen und klein schneiden. Die Weißbrote halbieren und aushöhlen. Kartoffeln mit dem Hackfleisch verrühren und das Ganze mit Salz abschmecken. Anissterne und Zimtstangen entfernen. Dann das Curry in die Brote füllen und Bunny Chow mit dem gehackten Koriander bestreut servieren.

Tipp

Bunny Chow ist ein Street-Food-Klassiker aus Südafrika und stammt ursprünglich aus Durban. Er kann mit ganz unterschiedlichen Zutaten zubereitet werden, klassisch mit Fleisch. Aber natürlich kann auch ein leckeres vegetarisches Curryrezept verwendet werden.

KEBAB MIT KALB

Für 4 Stück:

600 g Kalbsschnitzel
1 Knoblauchzehe
6 EL Rapsöl
1 TL Kreuzkümmelpulver
1 TL getrockneter Oregano
1 TL Paprikapulver edelsüß
2 EL Zitronensaft, frisch gepresst
1 TL Harissa
½ Stange Lauch
1 kleine milde Zwiebel
2 Stängel Minze
150 g griechischer Naturjoghurt
Salz
Pfeffer aus der Mühle
4 kleine Pidebrote

Zubereitungszeit:
30 Min.

Marinierzeit:
1 Std.

1. Die Kalbsschnitzel kalt abbrausen, mit Küchenpapier trocken tupfen und in sehr dünne Streifen schneiden. Dann in eine Schale geben. Knoblauch abziehen und sehr fein hacken. Das Fleisch mit Knoblauch und Rapsöl, Kreuzkümmel, Oregano, Paprikapulver, Zitronensaft sowie Harissa gründlich vermischen und das Ganze zugedeckt 1 Stunde marinieren lassen.

2. Den Lauch putzen, waschen und den dunkelgrünen Teil abschneiden. Den übrigen Lauch in schmale Ringe schneiden. Zwiebel abziehen und ebenfalls in feine Ringe schneiden.

3. Minze abbrausen, trocken schütteln und die Blätter hacken. Mit dem Joghurt glatt verrühren und das Ganze mit Salz und mit Pfeffer abschmecken.

4. Eine beschichtete Pfanne ohne die Zugabe von Fett erhitzen. Das Fleisch aus der Marinade heben und ein wenig abtropfen lassen. Danach in der Pfanne 2–3 Minuten leicht gebräunt braten. Mit Salz und Pfeffer würzen.

5. Die Pidebrote an einer Seite aufschneiden und erwärmen. Mit Fleisch, Lauch, Zwiebel und Minzjoghurt füllen und dann servieren.

Tipp

In der Türkei wurde für diesen bekannten Klassiker ursprünglich Lamm- oder Hammelfleisch verwendet. Heute findet man daneben auch Kalb oder würzig abgeschmecktes Geflügel im Pidebrot.

HOTDOG MIT HERING

IN CHILI-KAFFEE-MARINADE

Für 4 Stück:

40 g geröstete Kaffeebohnen

3 getrocknete Chilischoten

brauner Zucker

8 norwegische Heringsfilets (Bismarckhering)

400 g Sauerkraut (Dose)

200 ml trockener Weißwein

3 Lorbeerblätter

4 Wacholderbeeren

Salz

Pfeffer aus der Mühle

250 g Schmand

3 EL mittelscharfer Senf

2 EL Tomatenketchup

6 EL Mayonnaise

2 EL gemischte Kräuter, frisch gehackt (z. B. Petersilie, Thymian und Salbei)

4 Hotdog-Brötchen

Zubereitungszeit:

25 Min.

Garzeit:

40 Min.

1. Die Kaffeebohnen mit den getrockneten Chilischoten im Mörser fein zerstoßen. Mit 1 EL braunem Zucker vermischen. Heringsfilets abtropfen lassen und trocken tupfen, dann mit der Kaffeebohnen-Mischung von beiden Seiten würzen. Abgedeckt beiseitestellen.

2. Das Sauerkraut abtropfen lassen und dann in einen Topf geben. Weißwein mit Lorbeerblättern und Wacholderbeeren dazugeben. Das Ganze erhitzen und ca. 30 Minuten leise köcheln lassen.

3. Das Sauerkraut nach Ende der Garzeit mit Salz, frisch gemahlenem Pfeffer und ein wenig braunem Zucker würzen. Dann noch einige Minuten weiter köcheln lassen, bis der Wein vollständig eingekocht ist. Anschließend den Schmand einrühren.

4. Senf, Ketchup, Mayonnaise und die gehackten Kräuter zu einer glatten Soße verrühren und in einen Spritzbeutel füllen. Die Hotdog-Brötchen erwärmen.

5. Die warmen Hotdog-Brötchen der Länge nach aufschneiden. Mit Sauerkraut belegen und die Soße mithilfe des Spritzbeutels auf die Brötchen geben.

6. Die Heringsfilets der Länge nach durchschneiden und die Brötchen damit belegen. Dann zusammenklappen und die Hotdogs sofort servieren.

ROASTBEEF-WRAPS

Abb. Seite 15

Für 4 Stück:

80 g Walnüsse
200 g Frischkäse natur
2 EL Paprikamark
Chilipulver
4 Weizentortillas
je 1 rote und gelbe Paprikaschote
4 Friséesalatblätter
150 g Roastbeef-Aufschnitt in Scheiben
etwas frischer Meerrettich
Pfeffer aus der Mühle

Zubereitungszeit:
25 Min.

1. 50 g Walnüsse fein hacken und dann in einer kleinen beschichteten Pfanne ohne die Zugabe von Fett rösten. Anschließend abkühlen lassen. Den Frischkäse mit Paprikamark glatt rühren und mit Chilipulver würzen. Die gerösteten Walnüsse untermengen.

2. Tortillas im Ofen erwärmen. Paprikaschoten vierteln, putzen und waschen, dann in feine Streifen schneiden. Salatblätter waschen und trocken tupfen.

3. Die Tortillafladen mit der Frischkäsecreme bestreichen und mit Roastbeefscheiben belegen. Etwas Meerrettich darüberreiben und frisch gemahlenen Pfeffer darübermahlen. Danach die Tortillas mit den Paprikastreifen und dem Salat belegen.

4. Die restlichen Walnüsse über die Füllung streuen. Tortillafladen fest aufrollen und zum Servieren je einmal schräg durchschneiden.

Tipp

Einen Würze-Kick bekommen diese Wraps, wenn sie noch mit etwas zerbröckeltem Gorgonzola bestreut werden. Für zusätzliches Aroma sorgen 2 in feine Röllchen geschnittene Frühlingszwiebeln und etwas gehackter Rucola.

VEGETARISCH & VEGAN

FRENCH FRIES

Für 4 Personen:

1 kg festkochende Kartoffeln

Öl zum Frittieren

Salz

Zubereitungszeit:

30 Min.

1. Kartoffeln schälen und kalt waschen. Dann in Stifte von ca. 5 cm Länge schneiden. Werden sie nicht gleich weiterverarbeitet, in Wasser legen. Vor dem Frittieren gut abtropfen lassen und mit Küchenpapier gründlich trocken tupfen.

2. Reichlich Öl in einer Fritteuse oder einem hohen Topf auf ca. 160 Grad erhitzen. Kartoffelstifte darin portionsweise ca. 5 Minuten vorfrittieren, bis sie weich, aber noch nicht braun sind. French Fries herausheben und auf Küchenpapier entfetten lassen.

3. Sind alle Fries vorfrittiert, die Temperatur des Öls auf 180 Grad erhöhen. French Fries wieder portionsweise hineingeben und in jeweils ca. 2 Minuten goldgelb frittieren. Auf Küchenpapier entfetten lassen und vor dem Servieren mit Salz bestreuen.

Tipp

Natürlich passen zu diesem Klassiker Ketchup und eine einfache Mayo perfekt. Pikanter wird das Ganze mit Aioli. Dafür 5 Knoblauchzehen schälen und mit etwas Salz im Mörser zu einer Paste zerreiben. Mit 2 zimmerwarmen Eigelben in eine Rührschüssel geben und glatt rühren. 200 ml Olivenöl in einem dünnen Strahl angießen, dabei mit einem Schneebesen oder mit den Quirlen des Handrührgerätes ständig kräftig schlagen. Saft von ½ Limette einrühren und Aioli mit weißem Pfeffer und nach Geschmack mit etwas Cayennepfeffer abschmecken.

ASIA-NUDELN
MIT GEMÜSE UND TOFU

Für 4 Personen:

300 g dünne Reisnudeln
1 Bd. Frühlingszwiebeln
2 große Möhren
$^{1}/_{2}$ Salatgurke
1 rote Peperoni
400 g Tofu natur
50 g Kemirinüsse
4 EL Sojaöl
5 EL helle Sojasoße
1 EL Limettensaft, frisch gepresst

Zubereitungszeit:
35 Min.

1. Die dünnen Reisnudeln nach Packungsangabe mit kochend heißem Wasser überbrühen und ziehen lassen, bis sie bissfest sind. Anschließend abgießen und unter fließendem kaltem Wasser abschrecken. Gut abtropfen lassen.

2. Während die Reisnudeln eingeweicht werden, die Frühlingszwiebeln waschen, putzen und in feine Röllchen schneiden. Die Möhren schälen und in dünne Stifte schneiden. Die Gurke waschen, putzen und ebenfalls in Stifte schneiden.

3. Peperoni waschen, putzen und fein würfeln. Den Tofu in mundgerechte Stücke schneiden. Kemirinüsse grob hacken.

4. Das Sojaöl im Wok erhitzen. Zunächst den Tofu darin scharf anbraten und dann wieder herausnehmen. Danach Frühlingszwiebeln, Möhren und Kemirinüsse scharf anbraten. Gurke und Peperoni zugeben und alles 2–3 Minuten braten.

5. Tofu mit den Nudeln wieder in den Wok geben. Alles vorsichtig vermischen und mit Sojasoße sowie mit Limettensaft würzen. Heiß werden lassen und dann die Asia-Nudeln servieren.

Tipp

Die Kemirinuss stammt aus Asien und ist in gut sortierten Asia-Märkten erhältlich. Sie lässt sich durch Macadamia- oder Erdnüsse ersetzen.

Kemirinüsse müssen vor der Verwendung geröstet werden, roh dürfen sie nicht verzehrt werden.

Vegetarisch & vegan

FALAFEL

Für 4 Personen:

400 g getrocknete Kichererbsen
1 Zwiebel
1 Knoblauchzehe
1 kleine rote Chilischote
1 Bd. glatte Petersilie
$^1/_2$ Bd. Koriander
2 EL Olivenöl
3 EL Paniermehl
Kreuzkümmelpulver
Korianderpulver
Salz
Pfeffer aus der Mühle
Öl zum Frittieren

Zubereitungszeit:
45 Min.

Einweichzeit:
12 Std.

Garzeit:
2 Std.

1. Kichererbsen ca. 12 Stunden in kaltem Wasser einweichen. Anschließend in ein Sieb abgießen, kalt abbrausen und abtropfen lassen. Mit sauberem Wasser in einen Topf geben und ca. 2 Stunden bei milder Hitze köcheln lassen. Danach abtropfen lassen.

2. Zwiebel und Knoblauch abziehen. Die Chilischote waschen, putzen und entkernen. Dann alles zu den Kichererbsen geben und in der Küchenmaschine fein zerkleinern oder durch den Fleischwolf drehen.

3. Petersilie und Koriander abbrausen und trocken schütteln. Blättchen von den Stängeln zupfen und sehr fein hacken.

4. Die Kräuter mit Kichererbsenmasse, Olivenöl und Paniermehl gründlich vermengen, sodass ein formbarer, weicher Teig entsteht. Mit Kreuzkümmel, Korianderpulver, Salz und Pfeffer kräftig würzen. Mit angefeuchteten Händen daraus Bällchen formen.

5. Das Öl in einem hohen Topf auf ca. 180 Grad erhitzen. Die Falafel darin portionsweise goldbraun frittieren. Herausheben, abtropfen lassen und auf Küchenpapier entfetten lassen. Warm servieren.

Tipp

Statt getrockneter Kichererbsen kann man auch 800 g Kichererbsen aus der Dose verwenden; dann müssen sie nicht eingeweicht werden.

Orientalische Falafel werden gerne in Pidebroten serviert. Dann kann man noch fein geschnittenes Gemüse wie Rotkohl, Möhren, Gurke und Tomaten dazugeben. Außerdem schmeckt hierzu ein Joghurtdip super. Dafür 250 g Naturjoghurt mit 3 EL Tahin (Sesampaste), 1 EL Honig, $^1/_2$ TL abgeriebener Zitronenschale und je $^1/_2$ TL Piment- und Zimtpulver glatt rühren.

Vegetarisch & vegan

HUMITAS

Für 4 Personen:

4 große Maiskolben mit Blättern
50 ml Milch
1 Prise Zucker
1 Zwiebel
2 Knoblauchzehen
175 g geriebener Käse
1 TL Korianderpulver
60 g Maismehl
20 g Sahne
1 Ei (Größe M)
Salz
Pfeffer aus der Mühle
Paprikapulver edelsüß

Zubereitungszeit:
30 Min.

Garzeit:
65 Min.

1. Die Blätter von den Maiskolben vorsichtig im Ganzen entfernen, dann waschen, trocken tupfen und beiseitelegen. Auch die Fasern an den Kolben entfernen.

2. In einem ausreichend großen Topf reichlich Wasser mit Milch und Zucker zum Kochen bringen. Die Maiskolben hineingeben und ca. 25 Minuten leise köcheln lassen.

3. Nach Ende der Garzeit die Maiskolben aus dem Wasser nehmen und mit kaltem Wasser abbrausen. Die Maiskörner mit einem Messer von den Kolben schneiden.

4. Zwiebel und Knoblauch schälen und hacken. Die Maiskörner mit Zwiebel, Knoblauch, geriebenem Käse, Koriander, Maismehl, Sahne und Ei in den Mixer geben und zu einer glatten Paste pürieren. Mit Salz, frisch gemahlenem Pfeffer und etwas Paprikapulver abschmecken.

5. Jeweils 2 Maisblätter versetzt aufeinanderlegen und mittig mit der Maispaste belegen. Die Blätter über der Paste sorgfältig einschlagen. Mit Küchengarn zusammenbinden; alternativ können auch aus den restlichen Blättern schmale Streifen geschnitten werden, mit denen man die Päckchen verschließt.

6. In einem Topf mit Dämpfeinsatz Wasser zum Kochen bringen. Humitas in den passenden Einsatz setzen und über dem heißen Wasserdampf 30–40 Minuten garen.

Tipp

Humitas stammen aus Lateinamerika und werden hier auch gern als Beilage zu einer pikanten Tomatensoße oder zu Geflügelgerichten serviert.

FETA-FRIES

MIT APPLE-CIDER-SOSSE

Für 4 Personen:

Für die Apple-Cider-Soße:
1 Zwiebel
2 Knoblauchzehen
1 EL Butter
100 g Tomatenketchup
brauner Zucker
2 EL mittelscharfer Senf
100 ml Apple Cider
1 Msp. Cayennepfeffer
1 TL Worcestersoße
1 Msp. Kreuzkümmelpulver
Pfeffer aus der Mühle

Für die Feta-Fries:
600 g Feta
2 Eier (Größe M)
80 g Paniermehl
2 TL getrockneter Oregano
60 g Mehl (Type 405)
Öl zum Frittieren

Zuboroitungszeit:
35 Min.

1. Für die Soße Zwiebel und Knoblauch schälen und hacken. Butter in einem Topf erhitzen und die Zwiebel mit dem Knoblauch darin dünsten. Das Ganze mit dem Pürierstab pürieren.

2. Das Zwiebelpüree wieder in den Topf geben, erhitzen und leicht anbraten. Dann Ketchup, 2 EL braunen Zucker, Senf und Apple Cider einrühren und das Ganze aufkochen lassen. Mit Cayennepfeffer, Worcestersoße, Kreuzkümmel und frisch gemahlenem Pfeffer abschmecken. Nach Geschmack noch mit braunem Zucker nachsüßen. Die Soße in eine Schale umfüllen und abkühlen lassen.

3. Den Feta in daumendicke Streifen schneiden. Eier in einem tiefen Teller mit 3 EL Wasser verquirlen. Auf einem weiteren Teller Paniermehl mit Oregano vermischen und Mehl auf einen dritten Teller geben.

4. Öl in einem hohen Topf auf ca. 180 Grad erhitzen; es ist heiß genug, wenn an einem Holzlöffelstiel, den man in das Öl hält, Bläschen aufsteigen. Den Feta zuerst im Mehl wenden, dann durch die Eier ziehen und mit der Paniermehlmischung panieren.

5. Feta-Fries portionsweise im heißen Öl goldbraun frittieren. Anschließend mit einer Schaumkelle herausheben, abtropfen und danach auf Küchenpapier entfetten lassen. Heiß mit der Apple-Cider-Soße servieren.

Tipp

Wer keinen Apple Cider zur Hand hat, kann ihn auch durch eine Mischung aus 100 ml Apfelsaft und 1 EL Apfelessig ersetzen.

Vegetarisch & vegan

AUBERGINEN-KARTOFFEL-CURRY

Für 4 Personen:

2 Auberginen
Salz
6 vorwiegend festkochende Kartoffeln
3 rote Chilischoten
3 rote Zwiebeln
3 Knoblauchzehen
4 EL Ghee (alternativ Butterschmalz)
2 TL Kreuzkümmelpulver
2 TL Korianderpulver
3 EL Senfsamen
800 ml Kokosmilch
1 Handvoll Curryblätter

Zubereitungszeit:
30 Min.

Garzeit:
15 Min.

1. Auberginen mit kaltem Wasser waschen, längs vierteln und in mundgerechte Stücke schneiden. Dann ca. 15 Minuten in Salzwasser legen.

2. In der Zwischenzeit Kartoffeln schälen, waschen und in mundgerechte Würfel schneiden. 2 Chilischoten waschen, halbieren, von den Kernen befreien und der Länge nach in dünne Streifen schneiden.

3. Zwiebeln schälen und in dünne Spalten schneiden. Knoblauch abziehen und ganz fein hacken. Die Auberginen mit den Händen auspressen, dann auf Küchenpapier legen und gut trocken tupfen.

4. Ghee oder alternativ Butterschmalz in einer großen Pfanne erhitzen und die Auberginenstücke darin rundum kräftig anbraten. Dann Kreuzkümmel und Koriander dazugeben und unter ständigem Rühren kurz mitbraten.

5. Die Hitze reduzieren, dann Zwiebeln und Knoblauch unterrühren und ca. 2 Minuten dünsten. Kartoffeln, Chilistreifen und Senfsamen dazugeben und kurz weiterdünsten. Mit Kokosmilch ablöschen und salzen.

6. Curryblätter und die verbliebene ganze Chilischote in die Pfanne geben. Das Gemüse bei milder Hitze zugedeckt 10–15 Minuten köcheln lassen. Sobald die Kartoffeln gar sind, die ganze rote Chilischote entfernen. Das Ragout in Schälchen verteilen und heiß servieren.

Tipp

Ghee ist indisches Butterschmalz und verleiht dem Gericht ein ganz eigenes Aroma. Da es nur reines Fett enthält, kann es sehr stark erhitzt werden und ist lange haltbar.

GEMÜSECHIPS

Für 4 Personen:

1 Zucchini
1 Aubergine
Salz
2 Knollen Rote Bete
1 Lotuswurzel
1 Süßkartoffel
Öl zum Frittieren
grobes Meersalz

Zubereitungszeit:
25 Min.

1. Zucchini und Aubergine waschen und putzen, die Aubergine der Länge nach halbieren. Zucchini und Aubergine dann längs in dünne Streifen schneiden. Beides mit Salz bestreuen und ca. 15 Minuten Wasser ziehen lassen, danach mit Küchenpapier gründlich abtupfen.

2. Während Zucchini und Aubergine Wasser ziehen, Rote Bete, Lotuswurzel und Süßkartoffel schälen. Die Süßkartoffel je nach Größe der Länge nach halbieren. Dann Rote Bete, Lotuswurzel und Süßkartoffel in sehr dünne Scheiben schneiden.

3. Reichlich Öl zum Frittieren in der Fritteuse oder in einem hohen Topf auf ca. 180 Grad erhitzen. Die einzelnen Gemüsesorten nacheinander darin kross frittieren.

4. Anschließend mit einem Schaumlöffel herausheben, abtropfen lassen und auf Küchenpapier entfetten lassen. Die Gemüsechips zum Schluss mit grobem Meersalz würzen und am besten warm servieren.

Tipp

Beim Verarbeiten der Roten Bete unbedingt Küchenhandschuhe tragen, da diese Knollen sehr stark färben! Und natürlich eignen sich auch andere Gemüsesorten für die Chips; sehr lecker schmecken z.B. mal Möhren, mal blaue oder ganz konventionelle (festkochende) Kartoffeln.

Vegetarisch & vegan

FOCACCIA

MIT ZUCCHINI UND KAPERN

Für 4 Personen:

350 g Mehl (Type 405)
Salz
1 Päckchen Trockenhefe (7 g)
3 EL Olivenöl
1 Zucchini
Öl für das Blech
50 g Gorgonzola
4 Stängel Basilikum
50 g Kapernäpfel
Pfeffer aus der Mühle

Zubereitungszeit:
30 Min.

Gehzeit:
90 Min.

Backzeit:
25 Min.

1. Mehl mit $^1/_2$ TL Salz und der Trockenhefe in eine Rührschüssel geben und vermischen. Olivenöl und 210 ml lauwarmes Wasser zugeben und das Ganze zu einem glatten, geschmeidigen Teig verkneten. Den Teig zugedeckt an einem warmen Ort 1 Stunde gehen lassen.

2. Zucchini waschen, putzen und in sehr feine Streifen schneiden. Ein Backblech ölen. Nach dem Ende der Gehzeit die Hälfte der Zucchinistreifen in den Teig einarbeiten.

3. Den Teig zu einem Kreis mit ca. 20 cm Durchmesser ausrollen. Diesen leicht oval formen und auf das Backblech legen. Das Ganze mit geölter Frischhaltefolie abdecken und weitere 30 Minuten gehen lassen.

4. Den Ofen auf 200 Grad Ober- und Unterhitze (180 Grad Umluft) vorheizen. Den Gorgonzola fein hacken oder zerdrücken. Nach Ende der Gehzeit die Folie entfernen, den Teig mehrmals mit den Fingern eindrücken und den Käse darauf verteilen. Focaccia im heißen Ofen auf der mittleren Schiene 20–25 Minuten backen.

5. Das Basilikum abbrausen, trocken tupfen und die Blättchen grob in Streifen schneiden. Focaccia nach Ende der Backzeit mit den restlichen Zucchinistreifen, den Kapernäpfeln und dem Basilikum belegen. Mit Salz und frisch gemahlenem Pfeffer bestreuen und sofort servieren.

Tipp

Vegan wird dieses Rezept, wenn man den Gorgonzola einfach weglässt.

Vegetarisch & vegan

TEMPURA

MIT GRÜNEM GEMÜSE

Für 4 Personen:

400 g Rosenkohl
Salz
Natron
8 Stangen grüner Spargel
1 Zucchini
1 Ei (Größe M)
100 g Reismehl
100 g Reisstärke
Öl zum Frittieren

Zubereitungszeit:
30 Min.

1. Für den Teig 250 ml Wasser kalt stellen, am besten im Gefrierschrank eiskalt werden lassen. Inzwischen Rosenkohl putzen; dabei welke Blätter entfernen, Stielenden abschneiden und Strünke kreuzförmig einschneiden. Anschließend waschen.

2. Reichlich Salzwasser mit 1 Prise Natron aufkochen. Rosenkohl zugeben und in ca. 10 Minuten bissfest garen. In ein Sieb abgießen, mit eiskaltem Wasser abschrecken und dann gut abtropfen lassen.

3. Den Spargel waschen, im unteren Drittel schälen und die holzigen Enden abschneiden. In kochendem Salzwasser ca. 7 Minuten garen und ebenfalls eiskalt abschrecken. Auf Küchenpapier trocknen lassen. Zucchini waschen, putzen und schräg in Scheiben schneiden.

4. Für den Teig das Ei und 200 ml von dem kalt gestellten Wasser verquirlen. Reismehl, Reisstärke und 1 Prise Natron zügig unterrühren. Der Teig sollte dünnflüssig sein; bei Bedarf noch etwas mehr eiskaltes Wasser einrühren.

5. Das Öl zum Frittieren in einem hohen Topf auf 160 Grad erhitzen; das Öl ist heiß genug, wenn an einem Holzlöffelstiel, den man in das heiße Öl hält, kleine Bläschen aufzusteigen beginnen.

6. Das vorbereitete Gemüse einzeln durch den Teig ziehen und im heißen Öl nur leicht gebräunt frittieren. Anschließend mit einer Schaumkelle aus dem Öl heben, abtropfen lassen und auf Küchenpapier entfetten lassen. Das Gemüse danach sofort noch heiß servieren.

Tipp

Zu diesem Klassiker aus der japanischen Küche passt als Dip Sojasoße super. Diese lässt sich nach Belieben aromatisieren, beispielsweise mit etwas Wasabipaste und frisch gehacktem Ingwer.

Vegetarisch & vegan

SPINAT-ZIEGENKÄSE-TASCHEN

Für 9 Stück:

500 g TK-Spinat
1 Zitrone (unbehandelt)
2 EL Olivenöl
100 g Ziegenfrischkäse
Salz
Pfeffer aus der Mühle
1 Eigelb (Größe M)
1 Rolle Blätterteig (275 g, aus dem Kühlregal)
1 EL Sesamsamen

Zubereitungszeit:
25 Min.

Garzeit:
20 Min.

1. Spinat nach Packungsangabe auftauen lassen. Dann kräftig ausdrücken und grob hacken. Den Backofen auf 180 Grad Ober- und Unterhitze (160 Grad Umluft) vorheizen. Ein Backblech mit Backpapier belegen. Zitrone heiß waschen und trocken reiben, dann 2 TL Schale fein abreiben.

2. Olivenöl in einer Pfanne erhitzen und den Spinat darin bei mittlerer Hitze 4 Minuten dünsten. Dann den Spinat vom Herd nehmen und den Ziegenfrischkäse einrühren. Das Ganze mit Salz, frisch gemahlenem Pfeffer und Zitronenschale würzen.

3. Eigelb mit 1 EL Wasser verrühren. Blätterteig entrollen und in 9 Quadrate schneiden. Dann auf das Backblech legen. Teig dünn mit der Hälfte des Eigelbs bestreichen. Je 2 EL der Spinatmischung auf die Teigquadrate geben.

4. Teig von der einen Ecke zur anderen über die Füllung klappen. Die Ränder rundherum sorgfältig andrücken.

5. Die Teigtaschen mit dem übrigen Eigelb bestreichen und mit Sesam bestreuen. Im heißen Backofen auf der mittleren Schiene in ca. 20 Minuten goldbraun backen.

Tipp

Diese gefüllten Teigtaschen schmecken warm oder auch kalt und lassen sich deshalb super vorbereiten.

Vegetarisch & vegan

GEBRATENER GEMÜSEREIS

Für 4 Personen:

200 g Basmatireis
Salz
1 Zwiebel
1 kleines Stück frischer Ingwer
1 Möhre
je 1 rote, gelbe und orangefarbene Paprikaschote
1 Zucchini
4 EL Erdnussöl
1 EL Sambal Oelek
3 EL helle Sojasoße
Limettensaft, frisch gepresst

Zubereitungszeit:
30 Min.

Garzeit:
20 Min.

Kühlzeit:
2 Std.

1. Den Reis in einem Sieb kalt abbrausen. In einen Topf geben und 400 ml gesalzenes Wasser zugeben. Aufkochen und dann die Herdplatte ausschalten. Den Reis in ca. 20 Minuten ausquellen lassen. Anschließend vom Herd nehmen, auskühlen lassen und dann ca. 2 Stunden kalt stellen.

2. Sobald der Reis ganz durchgekühlt ist, Zwiebel schälen und fein würfeln. Ingwer schälen und sehr fein hacken. Möhre schälen, putzen und in Stifte schneiden. Die Paprikaschoten putzen, waschen und in Würfel schneiden. Zucchini waschen, putzen und würfeln.

3. Das Erdnussöl im Wok oder in einer großen Pfanne erhitzen. Zuerst Zwiebel mit Ingwer darin andünsten, dann die Möhre zugeben und anbraten. Anschließend Paprika und Zucchini hinzufügen und so lange braten, bis das Gemüse leicht gebräunt ist.

4. Kalten Reis zum Gemüse geben und unter ständigem Rühren 1–2 Minuten braten. Sambal Oelek mit heller Sojasoße glatt verrühren und den Gemüsereis damit würzen. Zum Schluss mit ein wenig Limettensaft abschmecken.

Tipp

In gebratenem Asia-Reis lässt sich (fast) alles verwerten, auch wenn mal Reste vom Vortag übrig sind. Auch hier gilt natürlich: Erlaubt ist, was schmeckt!

Vegetarisch & vegan

SÜSSKARTOFFELSTICKS

MIT DIPS

Für 4 Personen:

Für die Süßkartoffelsticks:

1 kg Süßkartoffeln

8 Zweige Thymian

4 Streifen Zitronenschale (unbehandelt)

2 EL Olivenöl

Salz

Für die Mojo verde:

3 Bd. Petersilie

1 Bd. Koriander

4 Knoblauchzehen

1 TL Kapern

120 ml Olivenöl

Paniermehl bei Bedarf

Salz

Pfeffer aus der Mühle

Für die Kräutersoße:

1 Bd. gemischte Kräuter (z. B. Petersilie, Kerbel, Basilikum, Dill und Thymian)

1/2 kleine Zwiebel

150 g Naturjoghurt

1 EL Mayonnaise

Salz

Pfeffer aus der Mühle

Zubereitungszeit:

45 Min.

Backzeit:

20 Min.

1. Für die Sticks den Ofen auf 250 Grad Ober- und Unterhitze (220 Grad Umluft) vorheizen. Süßkartoffeln schälen und längs in 5 mm dicke Stifte schneiden. Thymianblätter von den Zweigen streifen.

2. Die Süßkartoffeln in eine große Schüssel geben. Mit Thymian, Zitronenschale, Öl und Salz vermischen. Auf ein mit Backpapier belegtes Blech geben und im heißen Ofen auf der mittleren Schiene 15–18 Minuten hellbraun backen.

3. In der Zwischenzeit die Dips zubereiten. Für die Mojo verde Petersilie und Koriander abbrausen und trocken schütteln. Beides ohne grobe Stielenden fein hacken. Knoblauch abziehen und mit den Kapern ebenfalls hacken.

4. Kräuter, Knoblauch und Kapern mit dem Olivenöl vermengen und mit dem Pürierstab pürieren. Wem die Konsistenz zu flüssig ist, der mengt noch etwas Paniermehl unter. Mit Salz und Pfeffer abschmecken.

5. Für die Kräutersoße die Kräuter kalt abbrausen und trocken schütteln. Blättchen abzupfen und fein hacken. Zwiebel schälen und sehr fein hacken. Joghurt mit Mayonnaise glatt rühren und dann die Kräuter untermischen. Mit Salz und mit frisch gemahlenem Pfeffer abschmecken.

6. Mojo verde und Kräutersoße in Schälchen geben. Dann zusammen mit den heißen Süßkartoffelsticks servieren.

Vegetarisch & vegan

SAMOSAS

Für 16 Stück:

250 g Mehl (Type 405)
5 EL Sonnenblumenöl
Salz
150 g TK-Erbsen
400 g vorwiegend festkochende Kartoffeln
1 Zwiebel
2 Knoblauchzehen
100 g Zuckerschoten
100 g Blumenkohl
3 EL Ghee (alternativ Butterschmalz)
1/2 TL Kreuzkümmelpulver
2 TL Ingwer, frisch gerieben
1 Msp. Chilipulver
je 1 TL Korianderpulver und Garam Masala
Pfeffer aus der Mühle
Paprikapulver edelsüß
Mehl für die Arbeitsfläche
Öl zum Frittieren

Zubereitungszeit:
50 Min.

Ruhezeit:
30 Min.

1. Für den Teig Mehl mit Öl, 1/2 TL Salz und 125 ml Wasser in eine Rührschüssel geben. Alles zu einem geschmeidigen Teig verkneten. Abgedeckt 30 Minuten ruhen lassen.

2. Während der Teig ruht, die Füllung zubereiten. Die Erbsen auftauen lassen. Kartoffeln schälen, waschen und klein würfeln. In reichlich gesalzenem Wasser 10 Minuten garen. Anschließend abgießen und abtropfen lassen.

3. Zwiebel und Knoblauch schälen und hacken. Zuckerschoten putzen und in kochendem Salzwasser 2 Minuten blanchieren. In Eiswasser abschrecken, dann abtropfen lassen und klein schneiden. Blumenkohl putzen, waschen und klein schneiden. In Salzwasser 4 Minuten blanchieren, danach abgießen und abschrecken.

4. Das Ghee in einem Topf erhitzen. Kreuzkümmel kurz anbraten, dann unter Rühren Ingwer, Chili, Koriander und Garam Masala zugeben. Zwiebel und Knoblauch in den Gewürzen andünsten, danach Zuckerschoten und Erbsen anbraten. Kartoffeln und Blumenkohl einrühren.

5. Hitze reduzieren und den Deckel auflegen. Gemüse ca. 5 Minuten schmoren, dabei ab und zu umrühren. Dann mit Salz, Pfeffer und etwas Paprikapulver abschmecken. Auf Zimmertemperatur abkühlen lassen.

6. Den Teig nach Ende der Gehzeit in 8 Portionen teilen. Jede Teigportion auf der bemehlten Arbeitsfläche dünn zu einem Rechteck von ca. 20 cm x 10 cm ausrollen. Rechtecke zu Quadraten halbieren. Die Füllung jeweils in die Mitte der Teigstücke geben und zu Dreiecken zusammenfalten. Ränder gut andrücken.

7. In einem hohen Topf Öl erhitzen. Samosas darin portionsweise goldbraun frittieren, dabei einmal wenden. Auf Küchenpapier entfetten lassen und am besten heiß servieren.

TOFUSPIESSE

Abb. Seite 43

Für 4 Personen:

600 g Tofu
1 Zitrone (unbehandelt)
8 EL Ketjap Manis
1 Handvoll Rucola
4 kleine Weizentortillas
3 EL Sojaöl
1 EL schwarze Sesamsamen

Zubereitungszeit:
20 Min.

Marinierzeit:
20 Min.

1. Den Tofu in 2–3 cm große Würfel schneiden. Die Zitrone heiß abwaschen und trocken reiben. Dann halbieren und 1 Hälfte auspressen. Den Saft mit 4 EL Ketjap Manis verrühren und mit den Tofuwürfeln vermengen. Abgedeckt ca. 20 Minuten durchziehen lassen. Schaschlikspieße aus Holz einige Minuten wässern.

2. Den Tofu abtropfen lassen und dann auf die gewässerten Holzspieße stecken. Die Marinade mit dem übrigen Ketjap Manis verrühren.

3. Rucola mit kaltem Wasser abbrausen und trocken schütteln, dann bei Bedarf etwas kleiner schneiden. Die übrige Zitrone vierteln und dann in dünne Scheibchen schneiden.

4. Tortillas im Ofen erwärmen. Das Sojaöl in einer Pfanne erhitzen und die Tofuspieße darin bei mittlerer Temperatur insgesamt 5–6 Minuten von allen Seiten braten.

5. Die warmen Tortillas auf Tellern auslegen und die Spieße darauf anrichten. Mit der Ketjap-Manis-Marinaden-Mischung beträufeln und mit Sesam bestreuen. Mit Rucola und Zitronenscheibchen garnieren und die Tofuspieße servieren.

Tipp

Hier sollte schnittfester Tofu verwendet werden. Neben Tofu natur eignet sich auch Räuchertofu sehr gut, da er einen kräftigeren, leicht rauchigen Geschmack hat.

MIT FISCH & CO.

MAROKKANISCHE FISCHBÄLLCHEN

Für 4 Personen:

100 g getrocknete Kichererbsen
400 g frisches weißes Fischfilet ohne Haut
1 kleine rote Chilischote
1 Knoblauchzehe
1/2 Bd. Koriander
2 Scheiben Weißbrot
1 EL Zitronensaft, frisch gepresst
1 TL Kreuzkümmelpulver
1 TL Korianderpulver
1 TL Salz
weißer Pfeffer
3 EL Mehl (Type 405)
1 TL Backpulver
Öl zum Frittieren
Zitronenschnitze zum Garnieren

Zubereitungszeit:
45 Min.

Einweichzeit:
12 Std.

Garzeit:
2 Std.

1. Kichererbsen in kaltem Wasser einweichen und ca. 12 Stunden quellen lassen. Anschließend in einem Sieb abtropfen lassen. Mit sauberem Wasser in einen Topf geben und ca. 2 Stunden leise köcheln lassen. Danach wieder abtropfen lassen.

2. Das Fischfilet waschen, mit Küchenpapier trocken tupfen und sehr klein hacken. Die Chilischote waschen, der Länge nach halbieren, von Kernen befreien und Chili hacken. Den Knoblauch abziehen und klein schneiden.

3. Koriander kalt abbrausen, trocken schütteln und die Blättchen hacken. Das Weißbrot entrinden und kurz in etwas Wasser einweichen.

4. Das Weißbrot ausdrücken und mit Kichererbsen, Chili, Knoblauch und gehacktem Koriander in den Mixer geben. Zitronensaft mit Kreuzkümmel- und Korianderpulver, Salz und etwas weißem Pfeffer dazugeben. Das Ganze aufmixen und zu einer glatten Paste verarbeiten. Danach Mehl, Backpulver und den klein geschnittenen Fisch mit den Händen einarbeiten.

5. Aus der Fischmasse walnussgroße Bällchen rollen. Das Öl in einem hohen Topf auf ca. 180 Grad erhitzen und die Fischbällchen darin portionsweise goldbraun ausbacken. Mit einer Schaumkelle herausheben und auf Küchenpapier entfetten lassen. Mit Zitronenschnitzen anrichten und dann sofort heiß servieren.

Tipp

Hierzu passt ein Dip auf Joghurtbasis. Nach Geschmack etwas Minze und Koriander fein hacken und mit Joghurt verrühren. Mit Salz, Pfeffer und Zitronensaft würzen.

GEDÄMPFTE WAN TANS

MIT FLUSSKREBSEN

Für 24 Stück:

24 TK-Wan-Tan-Blätter

200 g gegarte Flusskrebsschwänze

100 g geschälte rohe Garnelen

1 Möhre

2 Frühlingszwiebeln

1 Stiel Zitronengras

10 g frischer Ingwer

1 kleine rote Chilischote

$^{1}/_{2}$ TL brauner Zucker

Fischsoße

etwas Limettensaft, frisch gepresst

Zubereitungszeit:

40 Min.

Garzeit:

20 Min.

1. Wan-Tan-Blätter auftauen lassen. In der Zwischenzeit Flusskrebsschwänze und Garnelen klein hacken. Möhre putzen, schälen und in kleine Würfel schneiden. Frühlingszwiebeln waschen, putzen und den dunkelgrünen Teil entfernen. Den Rest in sehr feine Röllchen schneiden.

2. Zitronengras abbrausen und den äußeren Teil sowie die holzigen Enden großzügig entfernen. Den Rest fein hacken. Ingwer schälen und in kleine Würfel schneiden. Chilischote putzen, längs halbieren, die Kerne entfernen und die Schote waschen. Dann sehr fein hacken.

3. Flusskrebse, Garnelen, Möhre, Frühlingszwiebeln, Zitronengras, Ingwer und Chili in eine Schale geben und vermengen. Mit braunem Zucker, Fischsoße und Limettensaft würzen.

4. Wan-Tan-Blätter ganz leicht mit Wasser bestreichen. Teelöffelweise Füllung in die Mitte setzen und die Ränder der Blätter darüber zu kleinen Säckchen zusammendrücken bzw. leicht zusammendrehen.

5. In einem Dämpfkochtopf Wasser aufkochen. Die Wan Tans, je nach Größe des Topfes und des Siebes, in 2 Portionen nacheinander in den Siebeinsatz setzen und dann jeweils 8–10 Minuten über dem heißen Wasserdampf garen. Dabei den Deckel geschlossen halten.

Tipp

Bei den Wan-Tan-Blättern unbedingt darauf achten, dass sie nicht austrocknen! Am besten immer mit einem leicht feuchten Küchentuch bedecken.

FISH 'N' CHIPS

Für 4 Personen:

2 Eier (Größe M)
200 g Mehl (Type 405)
Salz
1 EL Sonnenblumenöl
170 ml trockener Weißwein
600 g vorwiegend festkochende Kartoffeln
Öl zum Frittieren
4 Rotbarschfilets (à ca. 120 g)
Pfeffer aus der Mühle

Zubereitungszeit:
40 Min.

Quellzeit:
20 Min.

1. Die Eier trennen. Aus den Eigelben, 150 g Mehl, 2 Prisen Salz, Sonnenblumenöl und dem Wein einen glatten Teig anrühren. 20 Minuten quellen lassen.

2. In der Zwischenzeit für die Chips die Kartoffeln schälen und in Stifte schneiden. In reichlich kaltem Wasser waschen und in einem Sieb abtropfen lassen. Dann mit Küchenpapier gründlich trocken tupfen.

3. Öl zum Frittieren in der Fritteuse oder in einem hohen Topf zunächst auf 160 Grad erhitzen. Die Kartoffeln darin portionsweise 5 Minuten vorfrittieren, danach herausheben, gut abtropfen lassen und auf Küchenpapier entfetten lassen. Das Öl aufheben.

4. Den Fisch kalt waschen und mit Küchenpapier trocken tupfen, dann in Streifen schneiden. In einem weiteren hohen Topf weiteres Öl zum Frittieren auf 180 Grad erhitzen. Das Öl der Chips ebenfalls auf 180 Grad erhitzen.

5. Die Eiweiße steif schlagen und unter den Teig ziehen. Die Fischstreifen salzen, pfeffern und dünn mit dem übrigen Mehl bestäuben; das überschüssige Mehl abschütteln. Die Fischstreifen einzeln durch den Teig ziehen und im heißen (neuen) Öl goldbraun frittieren. Mit einer Schaumkelle herausheben, abtropfen lassen und auf Küchenpapier entfetten lassen.

6. Die vorfrittierten Kartoffeln im wiedererhitzten Öl in 1 Minute zu knusprigen Chips frittieren und dann, wie den Fisch, auf Küchenpapier entfetten lassen. Mit Salz würzen und die Fish 'n' Chips sofort heiß servieren.

Tipp

Ganz britisch serviert man dazu Remouladensoße und Ketchup.

FRÜHLINGSROLLEN MIT SHRIMPS

Für 24 Stück:

2 Knoblauchzehen
1 rote Chilischote
150 g frische Sojasprossen
150 g Möhren
je $^1/_2$ rote und grüne Paprikaschote
$^1/_2$ Bd. Koriander
1 walnussgroßes Stück frischer Ingwer
Erdnussöl
1 TL Sesamöl
1 EL Reiswein
1 EL Sojasoße
350 g gegarte und geschälte Shrimps
Salz
Pfeffer aus der Mühle
1 Ei (Größe M)
24 Teigblätter für Frühlingsrollen

Zubereitungszeit:
45 Min.

1. Knoblauch abziehen und durch eine Presse drücken. Chilischote waschen, entkernen und in feine Ringe schneiden. Sojasprossen waschen und abtropfen lassen. Möhren schälen, putzen und in dünne Stifte schneiden.

2. Paprikaschoten waschen, putzen und in feine Streifen schneiden. Koriander abbrausen, trocken schütteln und ohne grobe Stielenden fein hacken. Ingwer schälen und reiben.

3. 1 EL Erdnussöl und das Sesamöl im Wok erhitzen. Knoblauch und Chili darin kurz unter Rühren andünsten. Dann das vorbereitete Gemüse mit Koriander sowie dem geriebenen Ingwer dazugeben und das Ganze kurz pfannenrühren.

4. Reiswein und Sojasoße angießen und kurz aufkochen. Gemüse aus dem Wok nehmen und abkühlen lassen. Dann Shrimps klein schneiden und untermengen. Mit Salz und Pfeffer abschmecken.

5. Ei in einem tiefen Teller verschlagen. Teigplatten mit der Füllung belegen. Teig an den Seiten einschlagen und dann über die Stirnseiten aufrollen. Ränder der Rollen mit verschlagenem Ei einstreichen und leicht andrücken.

6. Reichlich Erdnussöl im Wok erhitzen. Frühlingsrollen darin portionsweise goldgelb ausbacken. Auf Küchenpapier entfetten lassen und warm stellen, bis alle Frühlingsrollen ausgebacken sind.

Tipp

Teigplatten für Frühlingsrollen sind in Asia-Märkten als TK-Ware erhältlich. Vor der Verarbeitung muss der Teig auftauen. Es muss darauf geachtet werden, dass die Teigplatten nicht austrocknen; am besten immer mit einem feuchten Küchentuch abdecken, wenn sie gerade nicht gebraucht werden.

KNUSPRIGER HERING
AM STIEL

Für 8 Spieße:

4 norwegische Heringsfilets (Rauchmatjes)
$^{1}/_{2}$ Zitrone (unbehandelt)
80 g Schmand
Zucker
Salz
Pfeffer aus der Mühle
1 Bd. Schnittlauch
80 g Cornflakes
20 g frischer Meerrettich

Zubereitungszeit:
20 Min.

1. Die Heringsfilets halbieren und auf 8 Holzspieße aufspießen. Die Zitrone heiß waschen und trocken reiben. Die Schale dann fein abreiben und den Saft auspressen.

2. Den Schmand mit Zitronenschale und -saft glatt rühren. Dann mit Zucker, Salz und frisch gemahlenem Pfeffer abschmecken. Die Heringsfilets damit bestreichen.

3. Den Schnittlauch kalt abbrausen, trocken schütteln und in feine Röllchen schneiden. Die Cornflakes zerbröseln und den Meerrettich reiben.

4. Die Zutaten getrennt voneinander auf Teller geben. Jede Seite der Fischfilets in Schnittlauch, Cornflakes und Meerrettich wenden. Dann die Heringsspieße auf Tellern anrichten und servieren.

Tipp

Die Cornflakes sollten nicht allzu süß sein; es gibt sie auch naturbelassen. Und das passt zu diesen crunchigen Fisch-Lollies am besten!

PAPAYASALAT
MIT SHRIMPS

Für 4 Personen:

2 grüne Papayas
1 Mango
1 kleine rote Chilischote
4 große Salatblätter
Saft von 2 Limetten
1 TL brauner Zucker
2 EL thailändische Fischsoße
12 mittelgroße gegarte Garnelen

Zubereitungszeit:
30 Min.

1. Papayas schälen, halbieren und die Kerne mit einem Löffel herauskratzen. Das Fruchtfleisch dann in dünne Streifen schneiden bzw. auf der Küchenreibe nicht zu fein hobeln.

2. Die Mango schälen, das Fruchtfleisch vom Kern ablösen und ebenfalls in dünne Streifen schneiden. Die Chilischote waschen, putzen und hacken. Die Salatblätter waschen und trocken schütteln.

3. Limettensaft und Zucker verrühren und mit den Papayastreifen vermischen. Mit der Fischsoße abschmecken. Garnelen mit den Mangostreifen vermengen.

4. Die Salatblätter als Bett auf 4 Tellern anrichten und den Großteil der Papayastreifen darauf verteilen. Danach die Garnelen-Mango-Mischung daraufsetzen und übrige Papaya darauflegen. Den Salat servieren.

Tipp

Wer mag, gibt noch gehackte Erdnüsse in den Papayasalat. In Südostasien wird dieser Salat gerne sehr scharf zubereitet; daher können, je nach Geschmack, auch mehr Chilischoten verarbeitet werden.

MINI-PIZZEN

MIT THUNFISCH UND FETA

Für 8 Stück:

400 g Mehl (Type 405)

1/2 Würfel frische Hefe (21 g)

1/2 TL Zucker

2 EL Olivenöl

Salz

Mehl für die Arbeitsfläche

Öl für die Bleche

150 g Thunfisch in Öl (Dose)

2 TL Kapern

100 g Feta

100 g passierte Tomaten (Dose oder Tetrapak)

Pfeffer aus der Mühle

getrockneter Oregano

80 g entsteinte schwarze Oliven

Zubereitungszeit:
30 Min.

Gehzeit:
1 Std.

Garzeit:
20 Min.

1. Das Mehl in eine Schüssel sieben und in der Mitte eine Mulde formen. Hefe hineinbröckeln und mit Zucker sowie 4 EL lauwarmem Wasser verrühren. Mit etwas Mehl vom Rand bestäuben. Das Ganze dann mit einem sauberen Küchentuch abdecken und an einem warmen Ort 30 Minuten gehen lassen.

2. Nach Ende der Gehzeit Öl, 1/2 TL Salz und 200 ml lauwarmes Wasser dazugeben. Alles zu einem glatten, geschmeidigen Teig verkneten. So lange kneten, bis sich der Teig vom Schüsselboden löst. Erneut abdecken und an einem warmen Ort weitere 30 Minuten gehen lassen.

3. Den Backofen auf 220 Grad Ober- und Unterhitze (200 Grad Umluft) vorheizen. Den Teig in 8 Portionen teilen und auf der bemehlten Arbeitsfläche zu dünnen Kreisen flach ausrollen. Dann 2 Bleche mit Öl bestreichen und die Pizzaböden daraufsetzen.

4. Thunfisch abtropfen lassen und mit einer Gabel fein zerpflücken. Die Kapern fein hacken und mit dem Thunfisch vermengen. Feta fein zerkrümeln.

5. Die Pizzaböden dünn mit den passierten Tomaten bestreichen. Mit wenig Salz, frisch gemahlenem Pfeffer und etwas getrocknetem Oregano würzen. Die Thunfischmischung und den Feta darauf verteilen. Mit den entsteinten Oliven belegen.

6. Die Bleche in die Mitte des heißen Ofens schieben. Pizzen in 15–20 Minuten goldbraun backen. Nach der Hälfte der Garzeit die Bleche tauschen.

PAD THAI
MIT GARNELEN

Für 4 Personen:

200 g breite Reisnudeln
20 g Tamarindenpaste
6 EL Fischsoße
4 EL Palmzucker
3 EL Reisessig
2 Msp. Chilipulver
50 g Erdnüsse
4 Knoblauchzehen
400 g rohe Garnelen ohne Kopf und Schale
2 Bd. Frühlingszwiebeln
2 Thai-Schalotten
100 g frische Sojasprossen
2 Eier (Größe M)
Erdnussöl
8 Limettenschnitze (unbehandelt)

Zubereitungszeit:
40 Min.

1. Nach Packungsangabe die breiten Reisnudeln mit kochend heißem Wasser überbrühen und ziehen lassen, bis sie bissfest sind. Dann abgießen, mit kaltem Wasser abschrecken und gut abtropfen lassen.

2. In der Zwischenzeit Tamarindenpaste, Fischsoße, Palmzucker, Reisessig und Chilipulver zu einer glatten Würzsoße verrühren. Erdnüsse in einer kleinen Pfanne ohne die Zugabe von Fett rösten, dann herausnehmen und grob hacken.

3. Knoblauch abziehen und hacken. Garnelen waschen und mit Küchenpapier trocken tupfen. Frühlingszwiebeln putzen, waschen und der Länge nach in ca. 5 cm lange Streifen schneiden.

4. Thai-Schalotten abziehen und in sehr feine Streifen schneiden. Sojasprossen in ein Sieb geben, unter fließendem kaltem Wasser waschen und gut abtropfen lassen.

5. Die Eier verschlagen. Etwas Erdnussöl im Wok erhitzen und aus den Eiern ein Omelett braten. Anschließend herausnehmen und in kleine Streifen schneiden.

6. Ca. 4 EL Erdnussöl im Wok erhitzen. Knoblauch, Garnelen, die Hälfte der Frühlingszwiebeln und die Thai-Schalotten darin unter Rühren 1 Minute braten. Die gut abgetropften Reisnudeln mit der vorbereiteten Würzsoße in den Wok geben. Bei mittlerer Temperatur pfannenrühren, bis die Nudeln die Soße aufgenommen haben.

7. Sojasprossen, Erdnüsse, Ei und restliche Frühlingszwiebeln dazugeben und kurz erhitzen. Pad Thai auf Schalen verteilen, mit Limettenschnitzen garnieren und heiß servieren.

Tipp

Sollten Sie für diesen Klassiker der thailändischen Garküchen keine Thai-Schalotten bekommen, können auch herkömmliche Schalotten verwendet werden.

TINTENFISCHRINGE
MIT DIP

Für 4 Personen:

Für den Dip:
2 reife Avocados
1 Knoblauchzehe
3 EL Limettensaft, frisch gepresst
100 g Crème fraîche
Salz
weißer Pfeffer

Für die Tintenfischringe:
800 g küchenfertige Tintenfischtuben
Salz
Pfeffer aus der Mühle
3 EL Limettensaft, frisch gepresst
2 EL Mehl (Type 405)
2 Eier (Größe M)
100 g Paniermehl
Öl zum Frittieren

Zubereitungszeit:
30 Min.
Marinierzeit:
20 Min.

1. Für den Dip die Avocados halbieren und die Kerne entfernen. Das Fruchtfleisch mit einem Löffel aus den Schalen lösen und in den Mixer geben. Knoblauchzehe abziehen, grob klein schneiden und zur Avocado geben. Limettensaft hinzufügen und das Ganze fein pürieren.

2. Crème fraîche unter das Avocadopüree mischen. Den Dip mit Salz und mit weißem Pfeffer abschmecken. Abdecken und danach beiseitestellen.

3. Für die Tintenfischringe die Tintenfischtuben kalt abbrausen und mit Küchenpapier trocken tupfen, danach in Ringe schneiden. Falls noch Fangarme an den Tuben sind, diese abtrennen. Die Tintenfischringe mit Salz und frisch gemahlenem Pfeffer würzen und mit Limettensaft beträufeln.

4. Das Mehl auf einen Teller sieben. Die Eier in einem tiefen Teller verquirlen. Das Paniermehl auf einen weiteren Teller geben.

5. Die Tintenfischringe zuerst im Mehl wenden und überschüssiges Mehl abklopfen. Dann durch die Eier ziehen und mit dem Paniermehl panieren.

6. Reichlich Öl in einer Fritteuse oder in einem hohen Topf auf ca. 180 Grad erhitzen. Die Tintenfischringe darin portionsweise in 3–4 Minuten goldbraun ausbacken. Danach mit einer Schaumkelle herausheben und auf Küchenpapier entfetten lassen. Im Ofen bei ca. 80 Grad warm halten, bis alle Ringe fertig gebacken sind.

7. Den Dip in 4 kleine Schälchen füllen. Mit den Tintenfischringen anrichten und dann noch heiß servieren.

Tipp

Auch lecker zu Tintenfischringen: Remoulade. Dafür je 100 g Mayonnaise und Naturjoghurt mit 1 EL mittelscharfem Senf glatt rühren. 2 Sardellenfilets, 2 Gewürzgurken, 1 EL Kapern und 2 hart gekochte Eigelbe hacken und untermengen. ½ Bd. gemischte Kräuter hacken und ebenfalls unter die Joghurt-Mayonnaise rühren. Mit Salz, frisch gemahlenem Pfeffer und nach Wunsch mit etwas Weißweinessig abschmecken.

EXOTISCHE CHAI-SUPPE

MIT FISCH UND GARNELEN

Für 4 Personen:

500 g Pangasiusfilet

8 mittelgroße rohe Garnelen ohne Kopf und Schale

5 EL Fischsoße

2 TL Chaitee (ohne Milchzusatz)

1 kleines Stück frische Galgantwurzel (5 cm)

3 Stiele Zitronengras

1 rote Chilischote

100 g kleine Shiitakepilze

8 Cocktailtomaten

400 ml Kokosmilch

$^1/_2$ TL abgeriebene Zitronenschale (unbehandelt)

weißer Pfeffer

1 Bd. Thai-Basilikum oder Koriander

Zubereitungszeit:
40 Min.

Marinierzeit:
30 Min.

1. Fischfilet kalt abbrausen, mit Küchenpapier trocken tupfen und in mundgerechte Stücke schneiden. Garnelen kalt abspülen und ebenfalls trocken tupfen. Beides mit 3 EL Fischsoße vermischen und ca. 30 Minuten marinieren.

2. In der Zwischenzeit Tee mit 400 ml kochendem Wasser aufbrühen. 3–5 Minuten ziehen lassen und durch ein Sieb abgießen, dabei den Tee auffangen.

3. Galgant, Zitronengras und Chilischote waschen. Galgant schälen und in dünne Scheiben schneiden. Vom Zitronengras den äußeren Teil entfernen und die Stiele halbieren. Chilischote putzen und in feine Ringe schneiden. Shiitakepilze putzen und Cocktailtomaten waschen.

4. Kokosmilch mit Galgant, Zitronengras, Chili, Zitronenschale und Pilzen aufkochen. Ca. 4 Minuten leise köcheln lassen, dann den Tee einrühren. Galgant und nach Wunsch Zitronengras herausnehmen.

5. Fisch, Garnelen und Cocktailtomaten zugeben und die Suppe weitere 2 Minuten köcheln lassen. Mit der restlichen Fischsoße und weißem Pfeffer abschmecken. Thai-Basilikum oder Koriander abbrausen und trocken schütteln. Dann die Blättchen abzupfen und vor dem Servieren unter die Suppe rühren.

Tipp

Zum Nachwürzen kann eine selbst gemachte Chilisoße gereicht werden. Dafür 3 kleine rote Chilischoten waschen, putzen und in Ringe schneiden. Wer es nicht zu scharf mag, entkernt sie weitgehend. Chilis mit 2 EL dunkler Sojasoße, 2 EL Limettensaft und 1 EL Fischsoße verrühren.

GEBRATENER TINTENFISCH

Abb. Seite 71

Für 4 Personen:

1 TL Ceylontee
600 g küchenfertige Tintenfischtuben
125 g Zuckerschoten
1 rote Paprikaschote
100 g Austernpilze
125 g kleine Maiskölbchen (Glas)
1 Knoblauchzehe
25 g frischer Ingwer
1 EL Sesamöl
2 EL Erdnussöl
125 g frische Sojasprossen
1 EL Speisestärke
2 EL Sojasoße

Zubereitungszeit:
30 Min.

1. Den Ceylontee mit 300 ml kochendem Wasser aufbrühen und ca. 3 Minuten ziehen lassen. Dann abseihen und abkühlen lassen, bis er lauwarm ist.

2. Inzwischen die Tintenfische waschen, trocken tupfen und die Oberfläche rautenförmig einschneiden. Anschließend die Tuben in ca. 3 cm x 5 cm große Stücke schneiden.

3. Zuckerschoten und Paprika putzen und kalt waschen. Die Zuckerschoten schräg halbieren, Paprika in feine Streifen schneiden. Austernpilze säubern, putzen und dann in grobe Streifen schneiden. Maiskolben der Länge nach halbieren. Knoblauch und Ingwer schälen und fein hacken.

4. Sesam- und Erdnussöl im Wok erhitzen. Knoblauch und Ingwer hineingeben und andünsten. Zuckerschoten, Paprika, Austernpilze und Maiskolben zugeben und ca. 3 Minuten unter Rühren anbraten. Tintenfischstücke sowie Sojasprossen zufügen und ca. 1 Minute weiterbraten.

5. Tee mit Speisestärke und Sojasoße glatt rühren und unter die Gemüse-Fisch-Mischung heben. Das Ganze kurz aufkochen und dann nochmals abschmecken. Heiß servieren.

Tipp

Am besten passt zu diesem gebratenen Tintenfisch Basmati- oder Duftreis.

MIT FLEISCH & CO.

Mit Fleisch & Co.

EMPANADAS

Für ca. 20 Stück:

250 g Mehl (Type 405)
1 TL Backpulver
Salz
6 EL Olivenöl
2 EL trockener Sherry
1 Zwiebel
2 Knoblauchzehen
2 gelbe Paprikaschoten
2 kleine rote Chilischoten
300 g gemischtes Hackfleisch
3 EL Pinienkerne
Pfeffer aus der Mühle
1 TL Kreuzkümmelpulver
1 TL Paprikapulver edelsüß
2 Eier (Größe M)
3 EL Paniermehl
Mehl für die Arbeitsfläche
1 Eigelb (Größe M)
2 EL Milch

Zubereitungszeit:
50 Min.

Garzeit:
25 Min.

1. Das Mehl mit dem Backpulver in eine Rührschüssel sieben. $^1/_2$ TL Salz, 4 EL Olivenöl, den Sherry und 150 ml lauwarmes Wasser dazugeben. Das Ganze zu einem geschmeidigen Teig verkneten. Abgedeckt beiseitestellen.

2. Für die Füllung Zwiebel und Knoblauch schälen und fein hacken. Die Paprikaschoten putzen, von Kernen und weißen Innenhäuten befreien und die Schoten waschen, dann in kleine Würfel schneiden. Chilischoten waschen, der Länge nach halbieren und von den Kernen befreien, dann Chilis sehr fein hacken.

3. Das übrige Olivenöl in eine Pfanne geben und das Hackfleisch darin so lange unter Rühren anbraten, bis es anfängt zu bräunen. Dann Zwiebel mit Knoblauch, Paprikawürfeln und gehackten Chilischoten dazugeben. Die Pinienkerne unterrühren. Das Ganze mit Salz, frisch gemahlenem Pfeffer, Kreuzkümmel- und Paprikapulver würzig abschmecken.

4. Das Fleisch 10 Minuten auf kleiner Flamme garen, dann aus der Pfanne nehmen und auf Zimmertemperatur abkühlen lassen. Flüssigkeit abgießen. Die Eier verquirlen und dann zusammen mit dem Paniermehl unter die Hackfleischmasse rühren.

5. Den Backofen auf 200 Grad Ober- und Unterhitze (180 Grad Umluft) vorheizen. Den Teig auf der bemehlten Arbeitsfläche ausrollen. Daraus ca. 20 Kreise á 10 cm Durchmesser ausstechen.

6. Die Füllung auf jeweils eine Hälfte der Teigkreise geben. Den unbelegten Teig darüberklappen und die Ränder andrücken; dazu am besten eine Gabel verwenden. Den Teig mit einem Zahnstocher leicht einstechen.

7. Eigelb mit der Milch verquirlen und die Empanadas damit einstreichen. Die Teigtaschen auf ein mit Backpapier belegtes Blech setzen und dann im heißen Backofen 25 Minuten goldgelb backen.

Tipp

Empanadas sind besonders in Spanien und Lateinamerika, aber auch auf den Philippinen ein beliebtes Street Food. Die Füllungen werden dabei stark variiert – der eigenen Fantasie sind also keine Grenzen gesetzt! Mit Hackfleisch gefüllt, wie in diesem Rezept, werden sie vor allem in Spanien gern serviert.

Mit Fleisch & Co.

GEMISCHTE YAKITORI

Für 4 Personen:

10 g frischer Ingwer
200 ml Sake
200 ml Sojasoße
4 EL Mirin
70 g Zucker
300 g Rinderhüfte
300 g Hähnchenbrustfilet

Zubereitungszeit:
20 Min.

Marinierzeit:
15 Min.

1. Schaschlikspieße wässern. Ingwer schälen und in dünne Scheiben schneiden. Mit Sake, Sojasoße, Mirin und Zucker in einen kleinen Topf geben und gründlich verrühren.

2. Den Sud erhitzen und unter Rühren aufkochen lassen. Hitze reduzieren und das Ganze zu einer sämigen Yakitorisoße einköcheln lassen. Anschließend ganz abkühlen lassen.

3. Die Rinderhüfte und das Hähnchenbrustfilet kalt abbrausen und mit Küchenpapier trocken tupfen. Dann das Fleisch in mundgerechte Würfel schneiden.

4. Hähnchen- und Rindfleisch getrennt voneinander auf die Schaschlikspieße spießen und mit einem Teil der Yakitorisoße rundum einstreichen. Abgedeckt ca. 15 Minuten durchziehen lassen.

5. Eine Grillpfanne erhitzen. Die Spieße aus der Marinade nehmen und etwas abtropfen lassen. Dann die Spieße von allen Seiten insgesamt 5–7 Minuten braten.

6. In der Zwischenzeit die Marinade nochmals in einen kleinen Topf geben. Mit 5 EL Wasser verrühren und aufkochen lassen. Separat als Soße zu den Yakitori servieren.

Tipp

Japanische Yakitori wurden traditionell nur mit Hühnerfleisch oder mit Gemüse auf dem Holzkohlegrill zubereitet, heute wird unter der Bezeichnung aber auch anderes Fleisch oder Fisch gegrillt.

KARAMELLISIERTE LAMMKÖFTE

Für 12 Stück:

Für den Minzjoghurt:

6 Stängel Minze
300 g Naturjoghurt
Salz
Limettensaft, frisch gepresst

Für die Köfte:

4 Knoblauchzehen
8 Stängel glatte Petersilie
1 kg Lammhackfleisch
1 Ei (Größe M)
1 TL Korianderpulver
1 TL Kreuzkümmelpulver
1 Msp. Cayennepfeffer
1 TL Paprikapulver edelsüß
Salz
Pfeffer aus der Mühle
Olivenöl zum Braten
4 EL flüssiger Honig

Zubereitungszeit:
25 Min.

1. Für den Minzjoghurt Minze kalt abbrausen, trocken schütteln und die Blättchen hacken. Mit dem Joghurt vermengen und abgedeckt ziehen lassen. Kurz vor dem Servieren mit Salz und etwas Limettensaft abschmecken.

2. Für die Köfte 12 Schaschlikspieße einige Minuten wässern. Die Knoblauchzehen abziehen und fein hacken. Petersilie mit kaltem Wasser abbrausen, trocken schütteln und die Blättchen fein hacken.

3. Lammhackfleisch gründlich mit Knoblauch, Petersilie und dem Ei verkneten. Mit Koriander- und Kreuzkümmelpulver, Cayennepfeffer, Paprikapulver, Salz und frisch gemahlenem Pfeffer kräftig würzen.

4. Aus der Fleischmasse 12 längliche Würste formen und auf die Schaschlikspieße stecken. Olivenöl in einer Pfanne erhitzen und die Spieße darin bei mittlerer Hitze ca. 10 Minuten rundum braten.

5. In den letzten 2 Minuten das Fleisch mit dem Honig einstreichen und in der Pfanne karamellisieren lassen. Karamellisierte Lammköfte warm mit dem vorbereiteten Joghurtdip servieren.

Tipp

Lammhackfleisch sollte unbedingt warm gegessen werden, denn wenn es kalt ist, wird es gern fest. Sollen die Spieße kalt serviert werden, dann besser Rinderhack verwenden.

POUTINE

Für 4 Personen:

1 kg vorwiegend festkochende Kartoffeln

Öl zum Frittieren

1 Schalotte

1 Knoblauchzehe

1 EL Rapsöl

400 ml Rinderbrühe

2 EL Tomatenketchup

1 EL Apfelessig

1 EL grüne Pfefferkörner (Glas)

2 TL Worcestersoße

2 EL Butter

2 gestr. EL Mehl (Type 405)

Salz

80 g Cheddar

Zubereitungszeit:
45 Min.

1. Kartoffeln schälen und in Stifte schneiden. In kaltem Wasser waschen und in einem Sieb abtropfen lassen. Dann mit Küchenpapier gründlich trocken tupfen.

2. Öl zum Frittieren in der Fritteuse oder in einem hohen Topf zunächst auf 160 Grad erhitzen. Die Kartoffelstifte darin portionsweise 5 Minuten vorfittieren, anschließend herausheben und abtropfen lassen. Dann auf reichlich Küchenpapier entfetten lassen. Das Öl aufheben.

3. Schalotte und Knoblauch schälen und fein hacken. Das Rapsöl in einem Topf erhitzen, Schalotte mit Knoblauch hineingeben und darin glasig andünsten. Mit der Rinderbrühe ablöschen. Ketchup, Apfelessig, Pfefferkörner und Worcestersoße dazugeben.

4. Butter in einem weiteren Topf erhitzen. Das Mehl durch ein Sieb darüberstäuben und einrühren. Unter Rühren hell anschwitzen und dann mit dem Brühensud ablöschen.

5. Den Sud unter Rühren zum Kochen bringen und bei milder Hitze so lange köcheln lassen, bis er eine dickliche Konsistenz erhalten hat. Dann vom Herd ziehen, mit dem Stabmixer fein pürieren und mit Salz abschmecken. Den Cheddar zerrupfen oder in kleine Würfel schneiden.

6. Das Öl zum Frittieren erneut erhitzen, diesmal auf 180 Grad. Die vorgegarten Kartoffeln darin in 1–2 Minuten zu knusprigen Pommes frittieren, danach herausheben und abtropfen lassen. Auf Küchenpapier entfetten lassen und dann salzen.

7. Die Pommes noch heiß in eine große oder in 4 kleinere Schalen geben. Den Käse auf den Pommes verteilen und mit der heißen Soße übergießen.

Tipp

Poutine ist ein kanadischer Klassiker. Traditionell wird Cheddar verwendet, heute findet man aber auch anderen (möglichst jungen) Hartkäse oder Mozzarella.

Mit Fleisch & Co.

PHO BO

Für 4 Personen:

250 g breite Reisnudeln
20 g frischer Ingwer
2 Sternanise
2 Stangen Zimt
5 Kardamomkapseln
2 kleine rote Chilischoten
600 ml Rinderbrühe
5 EL Fischsoße
2 flache Rinderhüftsteaks (à ca. 100 g)
2 EL neutrales Öl
1 Bd. Frühlingszwiebeln
50 g Mungobohnensprossen
Koriander und Thai-Basilikum zum Garnieren

Zubereitungszeit:
35 Min.

1. Die breiten Reisnudeln nach Packungsangabe mit kochend heißem Wasser überbrühen und ziehen lassen, bis sie bissfest sind. Anschließend abgießen, abschrecken und abtropfen lassen.

2. In der Zwischenzeit Ingwer schälen und fein hacken. Sternanise, Zimtstangen und Kardamomkapseln in einer Pfanne ohne Fettzugabe rösten. Die gerösteten Gewürze mit dem gehackten Ingwer in ein Kräutersäckchen einbinden. Die Chilischoten waschen, putzen und in Ringe schneiden.

3. Die Rinderbrühe in einen Topf geben. Mit dem Kräutersäckchen und den Chiliringen zum Kochen bringen und 10 Minuten leise köcheln lassen. Anschließend vom Herd nehmen, das Kräutersäckchen entfernen und die Suppe mit der Fischsoße abschmecken.

4. Die Hüftsteaks kalt abbrausen und mit Küchenpapier trocken tupfen. Öl in einer Pfanne erhitzen und die Steaks darin von beiden Seiten kurz und kräftig anbraten. Herausnehmen und in Alufolie gewickelt ruhen lassen.

5. Die Frühlingszwiebeln waschen, putzen und in feine Röllchen schneiden. Mungobohnen in einem Sieb kalt abbrausen und abtropfen lassen.

6. Frühlingszwiebeln, Nudeln und Mungobohnen in die Suppe geben. Heiß werden lassen und in tiefen Schälchen anrichten. Hüftsteaks in dünne Scheiben schneiden und auf die Schälchen mit der heißen Suppe verteilen. Das innen noch rohe Rindfleisch zieht dann in der Suppe nach. Mit Koriander und Thai-Basilikum garnieren und die Suppe sofort servieren.

Tipp

Anstelle des hier verwendeten Kräutersäckchens kann auch ein Kaffeefilter genommen werden, der dann mit Küchengarn zusammengebunden wird.

Tipp

Pho Bo stammt aus Vietnam und ist dort traditionell ein Frühstücksgericht.

Mit Fleisch & Co.

HÄHNCHEN-DRUMSTICKS
MIT BARBECUESOSSE

Für 4 Personen:

Für die Drumsticks:

10 g frischer Ingwer
6 EL Sesamöl
2 TL Paprikapulver edelsüß
16 Hähnchenunterkeulen (alternativ Hähnchenflügel ohne Spitzen)
Pfeffer aus der Mühle
Öl zum Frittieren
Salz
Saft von 1 Limette

Für die Barbecuesoße:

2 kleine Zwiebeln
1 Knoblauchzehe
4 EL Olivenöl
8 EL Tomatenketchup
3 EL Tomatenmark
4 EL Orangensaft, frisch gepresst
2 TL Currypulver
1 Tomate
Tabasco
Raucharoma (Liquid Smoke)

Zubereitungszeit:
30 Min.

Marinierzeit:
2 Std.

1. Für die Marinade der Drumsticks Ingwer schälen und hacken. Sesamöl mit 1 TL Paprikapulver glatt rühren und mit dem Ingwer vermengen. Hähnchenkeulen waschen, mit Küchenpapier gründlich trocken tupfen und mit frisch gemahlenem Pfeffer würzen.

2. Die Hähnchenkeulen in eine Schale geben. Gründlich mit der vorbereiteten Marinade vermengen und abgedeckt im Kühlschrank ca. 2 Stunden durchziehen lassen.

3. Für die Barbecuesoße die Zwiebeln schälen und würfeln. Knoblauch abziehen und sehr fein hacken. In einer kleinen Pfanne 1 EL Olivenöl erhitzen und Zwiebeln und Knoblauch bei mittlerer Hitze darin anschwitzen. Ketchup, Tomatenmark, restliches Olivenöl, Orangensaft und Currypulver glatt verrühren. In die Pfanne geben und sämig einköcheln lassen.

4. Tomate waschen, putzen und entkernen. Das Fruchtfleisch klein würfeln und dann in die Soße geben. Jeweils mit einigen Tropfen Tabasco und Raucharoma abschmecken.

5. Nach Ende der Marinierzeit das Öl in der Fritteuse oder in einem hohen Topf auf ca. 180 Grad erhitzen; es ist heiß genug, wenn an einem Kochlöffelstiel aus Holz, den man in das heiße Öl hält, Bläschen aufsteigen. Drumsticks aus der Marinade nehmen, abtropfen lassen und mit etwas Salz würzen.

6. Drumsticks portionsweise in das Öl geben und jeweils 3–4 Minuten garen. Dann herausheben, abtropfen lassen und auf Küchenpapier entfetten lassen. Auf einer Platte mit dem Limettensaft beträufeln und dünn mit dem restlichen Paprikapulver bestäuben. Dazu die Barbecuesoße reichen.

Tipp

Wer den Geschmack der Hähnchen noch intensiver mag, mariniert sie über Nacht.

ZIGARRENBÖREK
MIT HACKFLEISCH UND KÄSE

Für 24 Stück:

1 Zwiebel
1 Knoblauchzehe
2 EL Olivenöl
600 g Rinderhackfleisch
Salz
Pfeffer aus der Mühle
1/2 TL Kreuzkümmelpulver
1/4 TL Paprikapulver edelsüß
1 Msp. Cayennepfeffer
3 EL Paniermehl
6 Stängel Minze
100 g türkischer Schafskäse
6 runde Blätter Yufkateig
40 g flüssige Butter

Zubereitungszeit:
40 Min.

Garzeit:
20 Min.

1. Zwiebel und Knoblauch schälen und fein hacken. Olivenöl in einer Pfanne erhitzen und beides darin glasig andünsten. Das Hackfleisch zugeben und unter Rühren krümelig braten. Dann die Fleischmischung mit Salz, frisch gemahlenem Pfeffer, Kreuzkümmel- und Paprikapulver sowie mit Cayennepfeffer würzen.

2. Die Hackfleischmischung ca. 15 Minuten bei kleiner Hitze garen lassen. Dabei gelegentlich umrühren. Dann das Ganze vom Herd ziehen, abkühlen lassen und die Flüssigkeit, sofern vorhanden, abgießen. Das Fleisch mit Paniermehl vermengen.

3. Den Backofen auf 200 Grad Ober- und Unterhitze (180 Grad Umluft) vorheizen. Die Minze kalt abbrausen, trocken schütteln und die Blättchen hacken. Den Schafskäse zerbröckeln und mit der Minze vermengen.

4. Die Teigblätter jeweils vierteln und mit der Butter einstreichen. An den langen (äußeren) Seiten mit Fleisch belegen und mit dem Käse bestreuen. Die Seiten einschlagen, dann den Teig zu Röllchen aufrollen.

5. Teigröllchen auf ein mit Backpapier belegtes Backblech geben. Im heißen Ofen in 5–7 Minuten goldbraun backen. Warm oder kalt servieren.

Tipp

Super schmeckt dieses orientalische Fingerfood auch mit einer Spinatfüllung. Dafür 1 kg Spinat dünsten; anschließend die entstandene Flüssigkeit abgießen. 4 gehackte Knoblauchzehen und 200 g gehackte Schalotten ebenfalls in Olivenöl dünsten. Beides mit 100 g zerbröckeltem Feta, 1 verquirlten Ei, 3 EL frisch gehackter Petersilie und abgeriebener Schale von 1/4 unbehandelter Zitrone unter den Spinat mengen. Mit Paprikapulver, frisch geriebener Muskatnuss, Kreuzkümmel, Salz und frisch gemahlenem Pfeffer kräftig abschmecken. Wie im Rezept beschrieben fortfahren.

CURRYWURST

Für 4 Personen:

6 reife Tomaten
2 kleine rote Chilischoten
1 Schalotte
4 EL Zucker
3 EL Currypulver
50 ml Gemüsebrühe
3 EL Weißweinessig
3 EL Tomatenketchup
Salz
Pfeffer aus der Mühle
Worcestersoße
20 g Butterschmalz
4 Brüh- oder Bratwürste

Zubereitungszeit:
30 Min.

1. Die Tomaten waschen und von den Sticlansätzen befreien. Oben kreuzweise einritzen, mit kochend heißem Wasser überbrühen und häuten. Die Tomaten vierteln, entkernen und klein würfeln.

2. Chilischoten waschen, der Länge nach halbieren und die Kerne entfernen. Die Schoten sehr fein würfeln. Die Schalotte abziehen und ebenfalls fein würfeln.

3. Zucker in eine beschichtete Pfanne geben und karamellisieren lassen. Die Tomatenwürfel mit Chili und Schalotte zugeben und 2–3 Minuten dünsten, dann 1 EL Currypulver darüberstäuben. Mit Gemüsebrühe und Weißweinessig ablöschen und das Ganze ca. 10 Minuten bei mittlerer Hitze köcheln lassen; dabei häufig umrühren.

4. Die Tomatenmischung fein pürieren. Ketchup zugeben und mit Salz, frisch gemahlenem Pfeffer und Worcestersoße abschmecken. Die Soße bis zum Servieren warm halten.

5. In einer Pfanne Butterschmalz erhitzen und die Würste von allen Seiten braun braten. Herausnehmen und in Stücke schneiden. Mit der Tomatensoße in Schälchen anrichten. Mit dem übrigen Currypulver bestreuen und heiß servieren.

Tipp

Berlin oder das Ruhrgebiet – wo gibt es die beste Currywurst? Darüber wird sich gern gestritten. Aber (fast) überall gilt ganz klassisch als Beilage: Pommes oder frische Brötchen!

BOLLYWOOD-SUPPE

Für 4 Personen:

2 Zwiebeln
4 Knoblauchzehen
600 g Hähnchenbrustfilet
600 g Möhren
2 EL Ghee (alternativ Butterschmalz)
$^1/_4$ EL Chilipulver
1 EL Madras-Currypulver
Salz
800 ml Kokosmilch
1 Bd. Koriander
1 Msp. Garam Masala

Zubereitungszeit:
35 Min.

Garzeit:
15 Min.

1. Zwiebeln und Knoblauchzehen schälen und fein würfeln. Hähnchenbrustfilet kalt abbrausen, mit Küchenpapier trocken tupfen und in ca. 2 cm große Würfel schneiden. Die Möhren schälen, putzen und in Scheiben schneiden.

2. Ghee oder Butterschmalz in einem Topf erhitzen. Zwiebeln und Knoblauch zugeben und kurz unter Rühren andünsten. Dann das Fleisch dazugeben und unter ständigem Rühren von allen Seiten kräftig anbraten.

3. Chili- mit dem Currypulver einrühren, dann die Möhren dazugeben. Das Ganze mit Salz würzen und mit der Kokosmilch ablöschen. Deckel auflegen und auf kleiner Flamme 15 Minuten leise köcheln lassen.

4. In der Zwischenzeit Koriander kalt abbrausen und trocken schütteln. Ohne grobe Stielenden hacken. Koriander kurz vor dem Servieren zusammen mit Garam Masala unter die Suppe rühren. Bollywood-Suppe auf Schalen verteilen und heiß servieren.

Tipp

Wer es besonders pikant mag, kann diese Suppe noch mit etwas roter Currypaste würzen. Die dann am besten am Anfang mit Zwiebeln und Knoblauch zum Andünsten in den Topf geben. Aber vorsichtig dosieren, die Paste ist scharf! Anfangs nicht mehr als $^1/_2$ TL verwenden.

GEFÜLLTE FILOTEIGTASCHEN

Für 24 Stück:

1 Zwiebel
2 Knoblauchzehen
1 kleine rote Paprikaschote
3 EL Olivenöl
300 g Rinderhackfleisch
2 EL Tomatenmark
Salz
Pfeffer aus der Mühle
$^{1}/_{2}$ TL Kreuzkümmelpulver
200 g stückige Tomaten (Dose)
12 Blätter Filoteig
2 Eigelbe (Größe M)
Öl zum Frittieren

Zubereitungszeit:
45 Min.

1. Zwiebel und Knoblauch abziehen und beides fein hacken. Paprikaschote waschen, von Kernen und weißen Innenhäuten befreien und das Fruchtfleisch in kleine Würfel schneiden.

2. Olivenöl in einer Pfanne erhitzen. Hackfleisch, Zwiebel und Knoblauch zugeben und unter Rühren anbraten. Paprikawürfel unter das Hackfleisch mischen und das Ganze 3–4 Minuten unter Rühren weiterbraten. Das Tomatenmark zum Fleisch geben und 2 Minuten unter Rühren anschwitzen.

3. Das Hackfleisch mit Salz, frisch gemahlenem Pfeffer und Kreuzkümmel würzen. Die stückigen Tomaten dazugeben und 10 Minuten bei mittlerer Hitze leise köcheln lassen. Dabei immer wieder umrühren. Wenn die Flüssigkeit weitgehend verdampft ist, die Pfanne vom Herd ziehen und das Hackfleisch vollständig abkühlen lassen.

4. Die Filoteigblätter halbieren und die Fleischmasse jeweils auf die Mitte der Blätter setzen. Eigelbe in einen tiefen Teller geben und mit 2 EL Wasser verquirlen. Die überstehenden Teigränder damit einstreichen. Die Teigstücke zu kleinen dreieckigen Päckchen zusammenfalten und die Ränder gut andrücken.

5. Das Öl zum Frittieren in einem hohen Topf erhitzen und die Teigtaschen darin portionsweise goldbraun frittieren. Anschließend mit einer Schaumkelle herausheben und auf Küchenpapier entfetten lassen. Warm oder kalt servieren.

TANDOORI-HÄHNCHEN

Für 4 Personen:

16 Hähnchenflügel
350 g Naturjoghurt
2 EL Tandooripaste
2 EL Zitronensaft, frisch gepresst
6 Stängel Minze
6 Stängel Koriander

Zubereitungszeit:
20 Min.

Marinierzeit:
12 Std.

Garzeit:
35 Min.

1. Die Hähnchenflügel kalt waschen und mit Küchenpapier trocken tupfen. 150 g Joghurt, Tandooripaste und Zitronensaft in einer Schüssel glatt verrühren. Die Hähnchenflügel damit vermischen und abgedeckt ca. 12 Stunden im Kühlschrank marinieren.

2. Nach Ende der Marinierzeit den Ofen auf 200 Grad Ober- und Unterhitze (180 Grad Umluft) vorheizen. Die marinierten Hähnchenteile aus der Marinade nehmen und etwas abtropfen lassen, dann in einer Auflaufform verteilen.

3. Hähnchenflügel in den heißen Ofen schieben und auf der mittleren Schiene ca. 35 Minuten garen. Nach ca. 15 Minuten das Fleisch einmal wenden.

4. In der Zwischenzeit die Kräuter kalt abbrausen, trocken schütteln und die Blätter grob klein schneiden. Die Minzeblätter mit dem übrigen Joghurt verrühren.

5. Die fertig gegarten Hähnchenflügel auf Tellern anrichten und mit dem Koriander bestreuen. Den Minzjoghurt zu den Tandoori-Flügeln reichen.

Tipp

Wer mag, kann die hier verwendete Tandooripaste auch selbst herstellen. Dafür 1 ½ TL frisch gehackten Ingwer und 1 durchgepresste Knoblauchzehe mit je 1 TL Chili-, Paprika-, Kreuzkümmel- und Korianderpulver sowie etwas Kurkuma zu einer Paste vermengen. Salz unterrühren und dann mit dem Joghurt vermengen.

Tipp

Dieses indische Hähnchengericht lässt sich auch wunderbar grillen. Ursprünglich wurde es in einem speziellen Ofen, im Tandur-Ofen, der mit Holzkohle beheizt wird, zubereitet.

SATÉ-SPIESSE
MIT ERDNUSSSOSSE

Abb.
Seite 93

Für 12 Stück:

Für die Spieße:
- 600 g Hähnchenbrustfilet
- 1 Limette
- 5 EL Sesamöl
- 2 TL Sambal Oelek
- 3 EL Rapsöl
- Koriander zum Garnieren

Für die Soße:
- 1 EL Zucker
- 125 ml Gemüsebrühe
- 50 ml Kokosmilch
- 2 EL Sojasoße
- $^{1}/_{2}$ TL Sambal Oelek
- 100 g grobe Erdnusscreme (crunchy)
- 1 Limette
- Salz

Zubereitungszeit:
30 Min.

Marinierzeit:
20 Min.

1. Das Hähnchenbrustfilet waschen und mit Küchenpapier trocken tupfen, dann in mundgerechte Würfel schneiden. Limette auspressen und mit Sesamöl und Sambal Oelek glatt rühren. Mit dem Hähnchenbrustfilet vermengen und das Fleisch 20 Minuten marinieren lassen.

2. In der Zwischenzeit für die Erdnusssoße Zucker in einen kleinen Topf geben, karamellisieren lassen und dann mit der Gemüsebrühe ablöschen. Anschließend Kokosmilch mit Sojasoße, Sambal Oelek und Erdnusscreme einrühren.

3. Die Soße ca. 5 Minuten bei milder Hitze einköcheln lassen; dabei immer wieder umrühren. Dann die Limette auspressen und die Erdnusssoße mit dem Saft und bei Bedarf mit etwas Salz abschmecken. Soße beiseitestellen.

4. 12 Schaschlikspieße aus Holz wässern. Dann die Fleischwürfel aus der Marinade nehmen, abtropfen lassen und auf die Spieße stecken.

5. Das Rapsöl in einer Pfanne erhitzen und die Spieße darin rundum 5–7 Minuten braten. Auf Tellern anrichten, mit Koriander garnieren und die Erdnusssoße dazu reichen.

Tipp

Wer die Soße noch etwas knackiger mag, kann grob gehackte Erdnüsse dazugeben.

SÜSSES

SCHOKOEIS
MIT KROKANT

Für 8 Personen:

150 g Zartbitterschokolade
250 ml Milch
250 g Sahne
$^1/_2$ TL Korianderpulver
$^1/_2$ TL Zimtpulver
100 g Zucker
2 sehr frische Eier (Größe M)
2 sehr frische Eigelbe (Größe M)
1 EL brauner Rum
60 g Haselnusskrokant

Zubereitungszeit:
25 Min.

Kühlzeit:
4 Std.

1. 100 g Zartbitterschokolade grob hacken und mit Milch, Sahne, Koriander, Zimt und 30 g Zucker in einen Topf geben. Das Ganze erhitzen und die Schokolade unter Rühren schmelzen.

2. Eier, Eigelbe und den übrigen Zucker in eine Rührschüssel aus Metall geben. Die dann über ein heißes Wasserbad setzen und das Ganze mit dem Schneebesen cremig aufschlagen.

3. Die heiße Milch in die Eimasse rühren. Jetzt die Metallschüssel über ein kaltes Wasserbad setzen und die Masse kalt rühren. Anschließend durch ein Sieb gießen. Den Rum unter die Schokocreme rühren und den Haselnusskrokant untermengen. Die übrige Schokolade grob raspeln und ebenfalls unterziehen.

4. Die Creme in einen fest verschließbaren gefriergeeigneten Behälter geben und im Gefrierschrank in mindestens 4 Stunden fest werden lassen. In der ersten Stunde alle 20 Minuten durchrühren.

Tipp

Natürlich lässt sich dieses Eis auch in einer Eismaschine zubereiten. Und auch bei Schokoeis gilt: nach Geschmack auch mal variieren! So kann man etwas gemahlene Chili für den Extra-Kick untermischen oder fein gehackten Ingwer. Oder anstelle der geraspelten dunklen Schokolade mal weiße Schokolade untermischen?

BLAUBEERMUFFINS

Für 12 Stück:

75 g Mehl (Type 405)
75 g Haferschmelzflocken
50 g Vollkornhaferflocken
1 TL Backpulver
1 Msp. Natron
2 Eier (Größe M)
125 g Vollzucker
20 g Vanillezucker
1 Msp. Zimtpulver
8 EL Walnussöl
4 EL neutrales Pflanzenöl
250 g flüssiger Naturjoghurt
50 g Walnüsse
150 g wilde TK-Blaubeeren
Puderzucker zum Bestäuben

Zubereitungszeit:
20 Min.

Backzeit:
30 Min.

1. Den Backofen auf 200 Grad Ober- und Unterhitze (180 Grad Umluft) vorheizen. Mehl, Haferschmelzflocken, Vollkornhaferflocken, Backpulver und Natron in eine Rührschüssel geben und vermengen.

2. In eine zweite Schüssel Eier mit Vollzucker, Vanillezucker, Zimt, Walnussöl, neutralem Pflanzenöl und Joghurt geben. Dann das Ganze glatt rühren.

3. Die Walnüsse hacken und mit der Mehlmischung nur kurz unter die Joghurtmasse rühren, bis sich alle Zutaten verbunden haben. Zum Schluss die tiefgefrorenen Blaubeeren unterziehen; dabei nicht zu viel rühren.

4. In die Mulden eines Muffinblechs Papierbackförmchen setzen und den Teig einfüllen. In den heißen Backofen schieben und die Muffins auf der mittleren Schiene ca. 30 Minuten backen.

5. Nach Ende der Backzeit die Blaubeermuffins aus dem Ofen nehmen. Auskühlen lassen und mit Puderzucker bestäuben.

Tipp

Natürlich passen hier auch andere Beeren. Wie wäre es mal mit Johannis- oder Himbeeren?

FRITTIERTE VETKOEK

Für 12 Stück:

100 ml Milch
200 g Mehl (Type 405)
1 TL Kardamompulver
2 TL Backpulver
1 EL Sonnenblumenöl
neutrales Pflanzenöl zum Frittieren
50 g Zucker
2 TL Zimtpulver

Zubereitungszeit:
25 Min.

1. Die Milch mit 200 ml Wasser in einen Topf geben und erhitzen. Kurz bevor das Ganze zu kochen beginnt, vom Herd ziehen.

2. Das Mehl mit Kardamom und Backpulver in einer Rührschüssel mischen. Dann die Milch-Wasser-Mischung sowie das Sonnenblumenöl dazugeben und alles zu einem glatten Teig verrühren.

3. Das Öl zum Frittieren in einem großen Topf auf ca. 180 Grad erhitzen. Mit einem Holzlöffel prüfen, ob das Fett bereits heiß genug ist; dies ist der Fall, wenn kleine Blasen am Stiel hochsteigen.

4. Den Teig zu 12 langen Rollen formen, die Enden übereinanderklappen und in sich drehen. Dann portionsweise in das heiße Öl geben und von jeder Seite 1–2 Minuten goldbraun ausbacken. Danach mit einer Schaumkelle herausheben und auf Küchenpapier entfetten lassen.

5. Den Zucker mit Zimt vermischen und das noch heiße Gebäck darin wälzen. Vetkoek sofort noch warm servieren.

Tipp

Vetkoek stammen aus Südafrika und sind zudem in Namibia sehr beliebt. Sie können auch gern mal deftig sein. Zu diesem Rezept aber passt noch eine süße Schokosoße zum Tunken super.

KIBA-SORBET
MIT POPCORN

Für 4 Personen:

4 reife Bananen

150 g TK-Kirschen

1 EL Honig

250 g Joghurtalternative natur

4 EL Popcorn

Zubereitungszeit:
10 Min.

Kühlzeit:
3 Std.

1. Einen gefriergeeigneten Behälter mit Deckel vorkühlen. Die Bananen schälen und in Scheiben schneiden. Zusammen mit den gefrorenen Kirschen in eine Rührschüssel oder in den Mixer geben.

2. Honig und Joghurtalternative zum Obst geben. Dann das Ganze mit dem Pürierstab oder mit dem Mixer zu einer dicken, cremigen Eismasse pürieren.

3. Die Masse in den vorbereiteten Behälter geben. Den Deckel fest verschließen und das Sorbet für 2–3 Stunden in den Gefrierschrank stellen. Anfangs gelegentlich mit einer Gabel durchrühren.

4. Das Kiba-Sorbet mit einem Eisportionierer in kleine geeiste Schälchen oder in Eiswaffeln geben. Mit Popcorn bestreuen und dann servieren.

Tipp

Wer das Rezept vegan haben will, verwendet anstelle von Honig Ahornsirup und achtet beim Popcorn darauf, dass es vegan ist.

SCHOKO-DONUTS

Für ca. 10 Stück:

Für die Donuts:

200 g Mehl (Type 405)

50 g Kakaogetränkepulver

25 g ungesüßtes Kakaopulver

$^{1}/_{2}$ Päckchen Trockenhefe

50 g Honig

50 g Zucker

100 g Sahne

2 Eier (Größe M)

150 g Naturjoghurt

1 Prise Salz

Mehl für die Arbeitsfläche

neutrales Pflanzenöl zum Frittieren

Zum Verzieren:

300 g Zartbitterkuvertüre

100 g Sahne

gehackte Mandeln, geraspelte Schokolade und Schokostreusel

Zubereitungszeit:

30 Min.

Gehzeit:

45 Min.

1. Für den Teig Mehl mit Kakaogetränkepulver, ungesüßtem Kakaopulver und Trockenhefe in einer großen Rührschüssel vermengen. Honig mit Zucker, Sahne, Eiern, Joghurt und Salz glatt verrühren. Das Ganze zum Mehl geben und mit den Händen oder den Knethaken des Handrührgerätes zu einem glatten Teig verkneten. Den Teig abdecken und ca. 30 Minuten gehen lassen.

2. Den Teig auf der bemehlten Arbeitsfläche nochmals durchkneten. In ca. 10 Portionen teilen und jeweils zu ca. 2 cm dicken Kreisen ausrollen. In die Mitte jeweils ein Loch stechen. Danach erneut abdecken und 15 weitere Minuten gehen lassen.

3. Das Öl in einem großen Topf auf ca. 180 Grad erhitzen. Das Öl ist heiß genug, wenn an einem Holzkochlöffelstiel, der in das Öl gehalten wird, sofort kleine Bläschen aufsteigen.

4. Die Teigringe portionsweise in das heiße Öl geben und darin in ca. 6 Minuten goldgelb ausbacken. Dabei mindestens einmal wenden. Die Donuts mit einer Schaumkelle aus dem Öl heben und abtropfen lassen. Dann auf Küchenpapier entfetten lassen.

5. Für die Glasur Zartbitterkuvertüre hacken. Die Sahne in einem kleinen Topf erhitzen und die Kuvertüre darin unter Rühren schmelzen. Die Donuts damit bestreichen und nach Belieben mit gehackten Mandeln, Schokoraspeln und Schokostreuseln bestreuen. Die Glasur vor dem Servieren fest werden lassen.

Tipp

Lecker schmecken die Donuts auch, wenn man sie mit einer Glasur aus weißer Kuvertüre überzieht. Und zum Bestreuen eignet sich alles, was schmeckt: Krokant, unterschiedliche gehackte Nüsse, bunte Zuckerstreusel oder -herzchen.

ALFAJORES

Für ca. 50 Stück:

Für die Kekse:
450 g Mehl (Type 405)
120 g Maisstärke
3 TL Backpulver
3 Eier (Größe M)
2 Eigelbe (Größe M)
300 g Zucker
3 EL Vanillezucker
220 g weiche Butter
Mehl für die Arbeitsfläche
80 g Kokosflocken

Für die Füllung:
50 g Butter
250 g Zucker
1 EL Vanillezucker
1 Prise Salz
200 g Sahne
250 ml Milch

Zubereitungszeit:
1 Std.

Kühlzeit:
1 Std.

Gar- und Backzeit:
85 Min.

1. Für den Keksteig Mehl mit Stärke und Backpulver vermengen. Eier mit Eigelben, Zucker, Vanillezucker und weicher Butter mit dem Handrührgerät schaumig schlagen. Nach und nach die Mehlmischung darunterrühren, sodass ein geschmeidiger, glatter Teig entsteht. Diesen in Frischhaltefolie wickeln und ca. 1 Stunde im Kühlschrank ruhen lassen.

2. Für die Füllung die Butter in einer beschichteten hohen Pfanne oder einem Topf schmelzen. Zucker, Vanillezucker und Salz hinzufügen und kurz karamellisieren lassen.

3. Sahne und Milch hinzufügen und unter Rühren den Karamell lösen. Bei mittlerer Temperatur ca. 45 Minuten einköcheln lassen, bis eine dicke Creme entstanden ist. Dabei immer wieder umrühren, damit sie nicht am Boden ansetzt. Die Dulce de leche ist fertig, wenn sie zäh vom Löffel tropft.

4. Den Backofen auf 200 Grad Ober- und Unterhitze (180 Grad Umluft) vorheizen. Den Teig in 4 Portionen teilen und den nicht verwendeten Teig wieder kalt stellen. Jede Teigportion nacheinander auf der bemehlten Arbeitsfläche ca. 4 mm dünn ausrollen. Daraus Kekse mit 4–5 cm Durchmesser ausstechen und diese auf mit Backpapier belegte Bleche setzen.

5. Die Bleche nacheinander in den Ofen schieben und die Kekse jeweils ca. 10 Minuten goldgelb backen. Anschließend herausnehmen und die Kekse auf einem Kuchengitter vollständig auskühlen lassen.

6. Anschließend auf die Hälfte der Kekse $^{1}/_{2}$–1 EL der Creme geben und einen zweiten Keks daraufsetzen. Den oberen Keks leicht andrücken, sodass die Creme am Rand der Kekse ein wenig herauskommt. Die Kekse dann mit dem Rand in den Kokosflocken drehen. Entweder sofort genießen oder bis zum weiteren Verzehr luftdicht verpackt im Kühlschrank aufbewahren.

Tipp

Alfajores sind insbesondere in Argentinien sehr beliebt.

PASTÉIS DE NATA

Für 12 Stück:

1 Zitrone (unbehandelt)
1 Vanilleschote
500 g Sahne
200 g Zucker
8 Eigelbe (Größe M)
1 EL Speisestärke
1 Prise Salz
Butter für die Form
275 g Blätterteig (aus dem Kühlregal)

Zubereitungszeit:
30 Min.

Backzeit:
12 Min.

1. Die Zitrone heiß waschen, trocken reiben und die Schale in groben Stücken abschälen. Vanilleschote der Länge nach halbieren und das Mark herausschaben. Die Sahne in einen Topf geben, Vanillemark sowie Vanilleschote hineingeben und das Ganze einmal aufkochen.

2. Zucker, Eigelbe, Stärke und Salz in eine Rührschüssel aus Metall geben und mit den Quirlen des Handrührgerätes glatt verrühren. Die Vanilleschote aus der Sahne nehmen. Die heiße Sahne mit der Zuckermischung in der Rührschüssel verquirlen und die Zitronenschale dazugeben.

3. Den Backofen auf 220 Grad Ober- und Unterhitze vorheizen. Inzwischen die Sahnemischung über ein heißes (aber nicht kochendes) Wasserbad setzen. Unter ständigem Rühren erhitzen, bis die Mischung dicklich geworden ist.

4. Die 12 Vertiefungen eines Muffinblechs buttern. Den Blätterteig noch etwas dünner ausrollen und daraus 12 Kreise mit jeweils ca. 12 cm Durchmesser ausstechen. Die Vertiefungen des Muffinblechs damit auskleiden.

5. Die Zitronenschale aus der Sahnemischung entfernen und die Sahnecreme in die vorbereiteten Förmchen füllen. In den heißen Ofen schieben und die Küchlein 8–12 Minuten backen. Nach Backzeitende aus dem Ofen nehmen und ausdampfen lassen, dann aus den Mulden lösen.

Tipp

Diese portugiesische Spezialität schmeckt ganz frisch am besten. Die Pastéis de nata werden gern mit Puderzucker und Zimt bestäubt gegessen.

OBSTWRAPS
MIT RICOTTACREME

Für 4 Stück:

125 g Mehl (Type 405)
2 Eier (Größe M)
250 ml Milch
1 Prise Salz
100 g Zucker
40 g Butter, geschmolzen
100 g Brombeeren
200 g Ricotta
150 g Erdbeeren
150 g Himbeeren
100 g helle Weintrauben
Butter zum Braten

Zubereitungszeit:
20 Min.

Quellzeit:
30 Min.

1. Für den Teig das Mehl mit Eiern, Milch, Salz und 30 g Zucker glatt rühren. Die Butter einrühren und den Teig ca. 30 Minuten quellen lassen.

2. Die Brombeeren putzen, waschen und trocken tupfen, dann mit einer Gabel zerdrücken. Mit Ricotta und übrigem Zucker cremig rühren.

3. Erdbeeren, Himbeeren und Weintrauben putzen und waschen, dann trocken tupfen. Früchte je nach Größe kleiner schneiden.

4. Zum Braten etwas Butter in einer großen beschichteten Pfanne zerlassen. Darin dann nacheinander 4 Crêpes ausbacken. Nach ca. 2 Minuten jeweils wenden und auf der anderen Seite fertig backen. Auf Küchenpapier entfetten lassen.

5. Die noch warmen Crêpes mit der Ricotta-Brombeer-Creme bestreichen und mit den vorbereiteten Früchten belegen. Den Teig jeweils zu einem Wrap zusammenklappen und dann sofort servieren.

Tipp

Natürlich kann anstatt der Erd- und Himbeeren und der Weintrauben auch anderes Obst verwendet werden, ganz abhängig von Geschmack und Saison. Wenn es keine frischen Brombeeren für die Ricottacreme gibt, können auch tiefgefrorene verwendet werden. Diese sollten vor der Verarbeitung aufgetaut werden.

CHURROS
MIT HEISSER SCHOKOSOSSE

Für 4 Personen:

Für die Churros:
1 EL Olivenöl
1 EL Milch
1 TL Salz
250 g Mehl (Type 405)
neutrales Pflanzenöl zum Frittieren
50 g Zucker

Für die Schokosoße:
150 g hochwertige Bitterschokolade
750 ml Milch
50 g Puderzucker
50 g Sahne

Zubereitungszeit:
40 Min.

1. Für die Churros 500 ml Wasser mit Olivenöl, Milch und Salz in einen Topf geben und erhitzen. Das Mehl sieben und, wenn das Wasser zu kochen beginnt, mit einem Schneebesen einrühren. Sofort vom Herd nehmen. Ständig weiterrühren, bis sich der Teig von den Seitenwänden löst. Den Teig vollständig abkühlen lassen und währenddessen immer wieder umrühren.

2. In der Zwischenzeit die heiße Schokosoße zubereiten. Dafür die Schokolade hacken. Milch in einen Topf geben, Puderzucker hineinrühren und langsam zum Kochen bringen.

3. In dieser Zeit die zerkleinerte Schokolade in einen weiteren Topf geben und die Sahne daraufgießen. Die Schokolade bei sehr milder Hitze schmelzen. Wenn die Schokolade geschmolzen ist, heiße Milch dazugießen und ununterbrochen rühren, bis eine homogene, zähflüssige Soße entstanden ist. Die Schokolade warm halten, aber nicht kochen lassen.

4. Den abgekühlten Teig in einen Spritzbeutel mit Sterntülle (1 cm Durchmesser) füllen. Das Öl zum Frittieren in einem hohen Topf auf ca. 180 Grad erhitzen. Aus dem Spritzbeutel portionsweise Stränge von jeweils ca. 10 cm Länge in das heiße Öl geben.

5. Nach 1 Minute die Churros mithilfe eines Schaumlöffels wenden. Sobald die Churros goldbraun sind, das Gebäck mit einem Schaumlöffel aus dem Öl heben, abtropfen lassen und auf Küchenpapier entfetten lassen.

6. Den Zucker für die Churros auf einen Teller geben. Das warme Gebäck darin wälzen und mit der heißen Schokolade servieren.

Tipp

Falls die heiße Schokolade zu diesem spanischen Klassiker zu dick oder zu intensiv geraten ist, einfach etwas kalte Milch hineinrühren.

Süßes

REISKRAPFEN
MIT KOKOS

Für ca. 20 Stück:

20 g frischer Ingwer
500 ml Kokosmilch
125 g Milchreis
Salz
50 g Zucker
1 Ei (Größe M)
100 g Reismehl
100 g Reisstärke
1 Prise Natron
neutrales Pflanzenöl zum Frittieren

Zubereitungszeit:
25 Min.

Garzeit:
25 Min.

1. Ingwer schälen und auf einer Küchenreibe raspeln oder fein hacken. Zusammen mit Kokosmilch, Milchreis und 1 Prise Salz in einen Topf geben. Das Ganze unter ständigem Rühren aufkochen und dann zugedeckt bei niedriger Temperatur 25 Minuten garen. Währenddessen immer wieder umrühren.

2. Wenn der Milchreis fertig gegart ist, vom Herd ziehen und den Zucker einrühren. Den Kokosreis auf Zimmertemperatur abkühlen lassen.

3. Ei und 270 ml eiskaltes Wasser in eine Rührschüssel geben und schaumig schlagen. Dann Reismehl, Stärke und Natron dazugeben und das Ganze zu einem dünnflüssigen Teig verrühren.

4. Das Öl zum Frittieren in einem hohen Topf oder in der Fritteuse auf ca. 180 Grad erhitzen. Den abgekühlten Kokosreis mithilfe von zwei Esslöffeln zu ca. 20 kleinen Küchlein formen. Diese durch den Teig ziehen und portionsweise im heißen Fett goldbraun frittieren.

5. Die fertig gebackenen Krapfen mit einer Schaumkelle aus dem Öl heben. Auf Küchenpapier entfetten lassen und dann servieren.

Tipp

Dieses leckere Gebäck stammt aus der Karibik bzw. von den Antillen.

BOLINHOS DE CHUVA

Für ca. 40 Stück:

1 reife Banane
1 Ei (Größe M)
50 ml Milch
150 g Zucker
150 g Mehl (Type 405)
1 TL Backpulver
2 TL Zimtpulver
neutrales Pflanzenöl zum Frittieren

Zubereitungszeit:
20 Min.

1. Die Banane schälen und mit einer Gabel zu Püree zerdrücken. In einer Rührschüssel mit Ei, Milch und 100 g Zucker verrühren.

2. Das Mehl mit Backpulver vermengen. Dann mit der Bananenmischung zu einem zähen Teig verrühren.

3. Den restlichen Zucker mit dem Zimt vermischen. Das Öl zum Frittieren in einen hohen Topf geben und auf ca. 180 Grad erhitzen.

4. Aus dem Teig mithilfe von zwei Teelöffeln kleine Bällchen abstechen und portionsweise, jeweils ca. 10 Stück, im heißen Öl in 2–3 Minuten goldbraun frittieren. Mit einer Schaumkelle herausheben, abtropfen lassen und auf Küchenpapier entfetten lassen.

5. Bolinhos de chuva in der Zucker-Zimt-Mischung wälzen. Dann noch warm servieren.

Tipp

Ganz klassisch wird diese Süßspeise, wörtlich übersetzt „kleine Regenkugeln“, in Brasilien ohne Banane zubereitet, aber so schmecken die kleinen Bällchen besonders saftig und süß.

EIS AM STIEL
MIT ORANGE UND PASSIONSFRUCHT

Für ca. 4 Stück:

2 Passionsfrüchte
250 ml Orangensaft
100 g Zucker
125 ml Kokosnussdrink original
20 g Speisestärke
2 EL Granatapfelkerne

Zubereitungszeit:
15 Min.

Kühlzeit:
6 Std.

1. Die Passionsfrüchte halbieren. Dann mit einem Löffel das Mark mit den Kernen herauslösen.

2. Den Orangensaft mit Zucker, Kokosnussdrink und dem Passionsfruchtmark in einen Topf geben und erhitzen. Stärke mit wenig Wasser glatt rühren. Sobald der Orangen-Passionsfrucht-Saft zu köcheln beginnt, die Stärke einrühren und so lange auf mittlerer Temperatur weiterrühren, bis die Fruchtmasse zu binden beginnt.

3. Die Fruchtmasse vom Herd nehmen und vollständig auskühlen lassen. Danach die Granatapfelkerne einrühren. Das Ganze dann in ca. 4 Förmchen für Eis am Stiel füllen und für mindestens 6 Stunden in den Gefrierschrank stellen.

Tipp

Die Förmchen vor dem Servieren kurz in heißes Wasser halten, damit sich das Eis besser löst.

BELGISCHE WAFFELN

Abb. Seite 117

Für ca. 12 Stück:

3 Eier (Größe M)
125 g weiche Butter
75 g Zucker
1 TL Vanillezucker
1 Prise Salz
250 g Mehl (Type 405)
1 TL Backpulver
250 ml Milch
100 ml Mineralwasser mit Kohlensäure
Butter für das Waffeleisen
Puderzucker zum Bestäuben

Zubereitungszeit:
15 Min.

Quellzeit:
20 Min.

1. Die Eier trennen. Weiche Butter mit Zucker, Vanillezucker und Salz in eine Rührschüssel geben und mit den Quirlen des Handrührgerätes cremig rühren. Eigelbe zugeben und das Ganze schaumig schlagen.

2. Mehl und Backpulver vermischen und abwechselnd mit der Milch nach und nach unter den Teig rühren. Anschließend das Mineralwasser unterziehen.

3. Die Eiweiße steif schlagen und zum Schluss unter den Teig ziehen. Den Waffelteig 20 Minuten quellen lassen.

4. Den Teig nach Ende der Quellzeit kurz umrühren. Im ausgebutterten Waffeleisen nacheinander ca. 12 Waffeln backen. Die fertig gebackenen Waffeln warm halten, bis der Teig aufgebraucht ist. Vor dem Servieren mit Puderzucker bestäuben.

Tipp

Belgische Waffeln werden in ihrer Heimat gern mit Erdbeeren, Banane, geschlagener Sahne oder heißer Schokolade kredenzt. Anstelle von herkömmlichem Zucker wird, je nach Region, auch Hagelzucker unter den Teig gerührt – das karamellisiert beim Backen. Ursprünglich wurde in Belgien für diese Waffeln meist ein Hefeteig verwendet.

REGISTER

BILDNACHWEIS

Alpro: 35, 125, 141; California Walnut Commission: 15; Deutscher Teeverband e.V.: 71, 91; www.fischausnorwegen.de: 25, 41, 81; www.fotolia.de: Alexkava (Hinterlegungen Illustrationen) 16, 24, 40, 46, 52, 56, 72, 82, 84, 96, 106, 118, 120, 124; Freepik: 30; Jessen/Südwest Verlag: 63; North Carolina SweetPotatoe Commission: 67; Photocuisine: 17, 19, 21, 23, 29, 31, 33, 39, 43, 47, 49, 51, 53, 57, 59, 61, 65, 69, 73, 75, 77, 83, 85, 87, 93, 95, 97, 99, 101, 103, 105, 107, 111, 113, 115, 117, 119, 127, 131, 133, 135, 139; www.shutterstock.com: Valentin Agapov (Hinterlegung Wand auf allen Seiten), joyfull 4, Dario Lo Presti 5, View Apart 6, ValeStock 7 oben, Vincent St. Thomas 7 unten, Takamex 8, Filipe Frazao 9, NOWAK LUKASZ 10, alberto cervantes 11 oben, Erika Cross 11 unten, villorejo 12, Leonard Zhukovsky 13, Pinkcandy 14, stockcreations 45; StockFood: 27, 37, 55, 79, 89, 109, 123, 129, 137; Wilde Blaubeeren aus Nordamerika: 121